パラオの女性たちによる薬草採集（撮影：飯田晶子）

台湾金門島の華洋折衷建築（撮影：波多野想）

香港の蓮澳風水林(撮影:陳碧霞(2012年夏))

波照間島北部落の東側の石垣とフクギ林(撮影:陳碧霞(2015年冬))

沖縄県渡名喜島の村道フットライト(撮影:神谷大介)

新緑のやんばるの森(撮影:滝澤玲子)

探検隊になってハーレーの町並みを捜索中/糸満小学校風景学習の様子(撮影:大城幸代)

国際沖縄研究所ライブラリ

島嶼型ランドスケープ・デザイン

―島の風景を考える―

琉球大学国際沖縄研究所
「新しい島嶼学の創造」プロジェクト　編

沖縄タイムス社

「国際沖縄研究所ライブラリ」刊行にあたって

2009 年,琉球大学国際沖縄研究所 (International Institute for Okinawan Studies: IIOS) は,沖縄および沖縄と関連の深い地域に関する国際的・学際的研究を推進する拠点として設置されました。そして,その研究成果を社会に発信する方法の一つとして叢書「国際沖縄研究所ライブラリ」をスタートさせることとなりました。

IIOS は,総合大学が有する豊富な人的資源を基盤として,人文・社会科学分野を中心に,理学・工学・医学等関連する諸分野との連携に基づいた学際的研究に取り組んでいます。同時に,歴史的に育まれてきた沖縄の国際性を活かし,世界各国・各地域の研究機関や研究者との学術的連携の拡充に努めています。このような学術的取り組みを通して,様々な分野の専門家,様々な地域の研究者との共同研究の成果を蓄積し続けています。そしてこの知的ストックが地域社会に内在する問題を解決し,地域資源の向上を図り,グローバル社会の中で地域の主体性を確立するための礎となるよう,IIOS ではそれぞれの地域社会に根ざした研究を幅広く展開しています。

琉球大学は,教育・研究を通して地域や国際社会に貢献する「知の津梁(架け橋)」を目指しています。「国際沖縄研究所ライブラリ」から出版する書籍の 1 冊 1 冊は,IIOS と社会を結ぶ架け橋です。沖縄から世界へ,より強く美しい橋を 1 本でも多く架けることを目標に据え,この叢書を刊行いたします。

琉球大学国際沖縄研究所

島嶼型ランドスケープ・デザイン―島の風景を考える―

目次

まえがき
―島のランドスケープ・デザインを考える―　　　　　7

　藤田陽子

第1章
パラオの文化的景観にみる自然共生　*11*

　飯田晶子

　　なかゆくい　パラオの文化的景観を活かした新たな景観の創造

第2章
台湾・金門島にみる文化的景観のダイナミズム　*29*

　波多野想

　　なかゆくい　知らずして触れる歴史
　　　　　　　―台湾随一の観光地・九份の文化的景観―

第3章
沖縄の伝統的集落における生活景と開発
　―慣習法によって守られてきた沖縄の風景を　　　*49*
　　現代法の中でどのように保全し継承していくのか―

　小野尋子

　　なかゆくい　「沖縄らしさ」の前で立ちすくむ
　　　　　　　―観光振興にゆれる島の景観―

第4章
減災機能に備えるランドスケープ・デザイン学
―東アジアの風水林の視点から―　　　　　　　　　　　　　*69*

　　陳碧霞

　　　なかゆくい　　風水と景観

第5章
島嶼地域における社会環境と災害リスク　*93*

　　神谷大介

　　　なかゆくい　　離島こそ、総合的な計画を

第6章
世界自然遺産「奄美・琉球」の登録と
　持続可能な地域社会の実現に向けて　　　*111*
―人々の暮らしと照葉樹林がつむぐ島の景観―

　　滝澤玲子

　　　なかゆくい　　亜熱帯の景観―沖縄というイメージ―

第7章
ＮＰＯ沖縄の風景を愛(かな)さする会の
　取り組みと風景学習　　　　　　　　　　　*127*

　　大城幸代

　　　なかゆくい　　心地よい環境と色彩

著者紹介　*151*

まえがき —島のランドスケープ・デザインを考える—

　地域づくりのコンセプトは様々な形で具現化されるが，目に見える形で現れるのがその地域の景観である。空間をどのように保全し，どのように活かしていくかという地域の人々の考え方が，土地利用の形態，建物やその他の構造物の外観や配置，自然環境の保全と開発とのバランスという形で強く反映されるからである。とりわけ島という限られた空間では，自然環境や人間社会を構成する様々な要素が直接に影響し合い絡み合いながら地域の土地利用形態が決まり，景観が形成される。島の生活や生業のあり方，歴史の中で育まれてきた価値観や文化，自然と共存しその脅威に備えるための人々の知恵，そして近代的な技術や社会システムなど，これらが統合された姿が地域の景観—ランドスケープ（landscape）となって現れるのである。

　島嶼は「環海性・遠隔性・狭小性・脆弱性」という言葉で特徴づけられ，それらは多くの場合，島にとって好ましくない結果をもたらす要因と捉えられる。確かに大陸と比較して，自然環境も社会も外部からの圧力の影響を受けやすいことは否めない。人の移動や経済のグローバル化によってもたらされる社会の変容は，島の土地や空間の使い方，建物のデザインや自然景観を容易に変えていき，それは不可逆的な結果を招くことになる。しかし，将来にわたって変えてはいけないものがある一方で，変化を受け入れることによってそれが新たな島の風景を生みだし受け入れられていく，ということもある。戦後の沖縄の住宅は，木材不足などが原因でコンクリートづくりの四角い建物が主流となり，強烈な台風が襲うこの地に適していたことや管理の容易さから，かつての赤瓦や茅葺きの屋根の家は淘汰されていった。しかし本土には

ないこの街並みは，今では現代沖縄の特徴的な風景となっている。一方で，失われた伝統的景観を再生させて，地域の活性化を図るとともに，人々のアイデンティティや誇りに繋げようとする取り組みも多くの地域で実践されている。大切なことは，島の自然や歴史や文化，生活，経済のあり様を再認識し，それらと景観との関係性を知り，様々な取組の事例からその島に適した方法論を探り，小さな島の景観づくりについて島の人々が主体的に考え決めていくことなのである。

琉球大学国際沖縄研究所が推進する研究プロジェクト「新しい島嶼学の創造」では，島嶼地域の景観形成のあり方を様々な観点から考えることを目的とした公開シンポジウム「島嶼型ランドスケープ・デザイン―多角的アプローチによる考察」を開催した(2014年12月7日，於：琉球大学)。本書はその報告内容をまとめたものである。それぞれ地域計画・文化・自然・歴史・防災・教育等々，異なる視点から景観形成について考え取り組んでいる気鋭の専門家7名が，多様な角度から「島」という空間に適した景観づくりについて論じている。沖縄はもちろんのこと，それぞれの島や地域には誇るべき自然や歴史，文化があり，一方で現代社会における技術進歩やグローバル化の恩恵，あるいはひずみも存在する。それらをどのように統合し，景観という形で実現していくのが望ましいのか。沖縄をはじめ，ミクロネシアの小さな島国パラオや，同じ東アジアにあり沖縄との関係も深い台湾といった他の島嶼地域の事例も取り上げながら，「島嶼型ランドスケープ・デザイン」を考えることが本書の目的である。

各章には「なかゆくい」と名付けたコラムを付けた。「なかゆくい」とは沖縄の言葉で「ひとやすみ」あるいは「休憩」を表す。仕事や勉強の途中でほっと一息ついたときに，いつもの風景が少し違って見えたり新鮮に見えたりすることがある。これらのコラ

ムでは，景観を身近に捉え，本文とはまた異なる視点から見ることを，各章の執筆者が親しみやすい文章で提案しているので，読書中の「なかゆくい」として楽しんでいただきたい。

　ランドスケープは地域社会のあらゆる要素が統合されてデザインされるもの，と考えると，多様な観点から考えることの重要性がわかる。そして，島嶼という小さく限定された空間においてはそれがより顕著に表れるため，多角的アプローチの効果や課題がより鮮明に描き出される。本書が島嶼地域特有の条件を踏まえた景観の考え方，すなわち「島嶼型ランドスケープ・デザイン」について考えるきっかけとなれば幸いである。

謝辞

　本書は文部科学省概算要求特別経費（平成23～27年度）を受けて琉球大学国際沖縄研究所が推進してきた研究プロジェクト「新しい島嶼学の創造―日本と東アジア・オセアニアを結ぶ基点としての琉球弧」の成果物として出版するものである。シンポジウム開催にあたり様々な形でご協力いただいた方々や団体，厳しい日程であったにもかかわらず本書の出版をご快諾いただいた沖縄タイムス社の友利仁氏，そして身内ではあるが琉球大学国際沖縄研究所スタッフ，とりわけプロジェクト推進を技術補佐員として支え，本書の編集作業を一手に担ってくれた佐藤崇範氏に心からの謝意を表したい。

2016（平成28）年2月

　　　　「新しい島嶼学の創造」プロジェクトコーディネーター
　　　　　　　　　　　　　　琉球大学国際沖縄研究所
　　　　　　　　　　　　　　　　　　　　藤田　陽子

パラオの文化的景観にみる自然共生

飯田 晶子

第1節 自然と人間との共同作品としての文化的景観

　島嶼地域のランドスケープ(景観)は,人々が長い年月をかけて,その限界的でかつ脆弱な自然環境に,人々が適応する中で築かれてきた文化的所産といえる。本章では,パラオ共和国(以下,パラオ)を事例として,「文化的景観」という観点から,島嶼特有のランドスケープとそこに見られる自然と人間の共生のあり方をみてゆきたい。

　「文化的景観」(Cultural Landscapes)とは,ユネスコの世界遺産委員会により,「『自然と人間との共同作品』であり,人間社会又は人間の居住地が,自然環境による物理的な可能性と制約のなかで,社会的・経済的・文化的な内外の力に継続的に影響されながら,どのような進化をたどってきたのかを例証するもの」[UNESCO World Heritage Center 2012]と定義される概念である。1992年の文化遺産の登録基準の変更に伴い,新たな文化遺産のカテゴリーに加えられた。例えば,アジアではフィリピンのコルディリェーラの棚田群や,島根県の石見銀山遺跡などが,文化的景観として世界遺産に登録されている。また,国内でも,2004年の文化財保護法の改正により,文化的景観が文化財保護の枠組

みに加わった。平成27年1月現在，全国で47件の重要文化的景観が登録されている。

このような世界での文化的景観にまつわる動向は，これまで近代化やグローバル化が進む中で見過ごされがちであった，地域固有の伝統や文化を再評価し，社会的な共通資産として位置づけようとするものである。とりわけ，農山漁村の文化的景観は，単に目にみえるランドスケープが自然環境と人間活動との調和を表す審美的な価値を有しているというだけでなく，土地や自然資源の持続的利用のためのローカルな技術・知識体系，およびそれを支える社会システムといった目には見えない価値を有していることに大きな特徴がある。例えば，日本における代表的な文化的景観である棚田は，我々日本人が懐かしさを感じる牧歌的で美しいランドスケープであるということだけでなく，土壌侵食や地すべりの防止，水源の涵養，洪水の調整，様々な生き物への生息地の提供といった，多様な環境保全機能を発揮しており，何百年と永続し得る持続的な土地利用システムの一つである。化石燃料に代表されるグローバルで画一的な技術や社会システムが世界に浸透した一方で，地球上の資源の非持続的な利用や枯渇が大きな社会問題となっている昨今，グローバルな資本や技術の代替的な手段として，文化的景観の生態的・文化的な価値が再発見されつつある。

第2節 パラオの文化的景観にみる自然共生

1．パラオの概要

パラオは，フィリピン海プレートを南北に走る海底山脈，九州・パラオ海嶺に連なる島嶼国である。ギリシャ語で「小さな島々」を意味するミクロネシア島嶼地域の最西，北緯2〜8度，東経

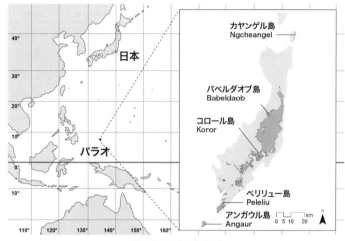

図 1-1 パラオの位置図

131〜135度に位置する。平均気温28度，年間降水量3,800mmという年間を通じて温暖多雨な気候の下に，生物多様性豊かなサンゴ礁と熱帯雨林が発達している。パラオ全体では，500種以上のサンゴ，1,300種以上の魚類，150種以上の鳥類，1,200種以上の熱帯植物，5,000種以上の昆虫類が見られ，ミクロネシアの中で最も生物多様性が高い地域の一つとなっている [GEF and UNDP 2005]。現在の人口約2万人，面積458km^2，568の島々より構成される。これらの島々は，大きく3つのタイプに分けられる。海底の火山活動により形成された火山島，地殻変動により海底の珊瑚や環礁島が隆起した隆起石灰岩島，そして海抜5〜10mほどの環礁サンゴ島である。そのうち，有人島は9つであり，中でも火山島であるコロール島とバベルダオブ島には，それぞれ人口の約6割と約3割が集中して暮らしている（図1-1）。

　パラオには，紀元前より人が居住を始めた。18世紀に西洋人と接触するまで，周辺の島々との交流はあったものの，比較的閉

パラオの文化的景観にみる自然共生　　13

じた社会を形成していたと考えられている。そして、人々は島の多種多様な生き物を含む周囲の自然環境と密接に関わりながら、狩猟・採集・農耕・漁労などの自給自足的な営みを通して独自の文化を発展させた。一方で、19世紀末より諸外国による統治の歴史があり、スペイン、ドイツに続いて、1914年から1945年まで日本の委任統治下におかれ、第二次世界大戦中は日本軍と米軍の激戦地の舞台の一つとなった。戦後70年を迎えた2015年に、天皇皇后両陛下がパラオのペリリュー島を慰霊のために訪問されたことで、日本でも一躍有名となった。また、第二次世界大戦後は、アメリカの信託統治領となり、1994年に独立を果たした。

そのような諸外国からの植民地統治を経験し、パラオの伝統文化は変化をよぎなくされつつも、自然環境と密接に関わる半農半漁の暮らしとランドスケープは、その熱帯島嶼特有の自然環境と相まって、未だ色濃く残されている。

２．パラオの文化的景観の原型

島嶼は、一般的に利用可能な土地が限られており、また周囲を海に囲まれている。そのような特徴は、一般的に狭小性、環海性などと表現され、島嶼を特徴づける言葉となっている。島の人々は、これらの環境条件に適合する中で、特異な環境認識を育んできた。

その一例をパラオ人の画家 Ado Imetuker 氏が描いた20世紀初頭の伝統的な集落の絵をもとに見てみよう（図1-2）。中央上部に2棟描かれているとんがり屋根の特徴的なフォルムの建物は、「アバイ」（Abai）と呼ばれる伝統的首長たちの集会所だ。集落はこの集会所を中心に火山岩の石畳でネットワークされ、その石畳に沿って家々が配置されている。また、周囲の自然環境に目を向

図 1-2　パラオの伝統的集落の絵（Bureau of Art and Culture 所蔵）

けると，集落の背後には山が連なり，前面には海が広がり，川がそれらを繋いでいることがわかる。集落は，山と海の間に立地し，川から集落内の耕地に水が引かれ，灌漑に利用されている。木材や薪の採れる山があり，魚や貝の捕れる海があり，そして暮らしに必要不可欠な水をもたらす川がある。この絵には，山・海・川の一連の自然環境と人々の暮らしとを一体的に捉える島の人々の環境認識の原型が描かれている。

　そのようなパラオの人々の環境認識は，少し専門的な言葉を用いると「流域生活圏」と表現される。「流域」とは「分水嶺に囲まれた，表面流が集まる集水域」を指す地理的概念であり，自然の地形に沿った大地の領域を示す。一方の「生活圏」は，人々の暮らしのまとまりを意味する。先の絵でみたように，パラオでは山から海までの自然環境と暮らしが一体となった生活圏が形成されており，これが流域圏とほぼ重なる。つまり，パラオの伝統的な集落の文化的景観は，自然環境と人間活動が相互に結びついて

形成された流域生活圏を基礎として成立していると捉えることができる。

3. 現在の集落景観

次に，現在の集落景観をみてみよう。図1-3の左の写真は，集落の集会施設のアバイである。パラオにはこのような伝統的な自然素材を使ったアバイが4棟現存する。かつてはどの集落にも必ず複数棟存在していたが，植民地化以降，特に戦時中にその多くが失われ，現在はコンクリート造のアバイに変わっている。この写真のアバイは，19世紀後半にできたパラオ最古のアバイで，今でも集落の住民に利用されている貴重なものである。屋根は，ニッパヤシというマングローブの一種の葉が用いられており，ニッパヤシを二つ折りにして芯となる棒に固定させたものを幾重にも重ねて屋根を葺いている。

図1-3の右の写真は，集落を通る石畳の写真で，親子が石畳の上に座って休憩している。伝統的な集落を形成したかつてのパラオ人は，熱帯特有の粒子の細かな赤土が素足につくことを避けるため，雨でも赤土に触れずに行き来できるように石畳を張り巡らした。現在，石畳の一部は，車を通すためにアスファルト舗装やコンクリート舗装の道路に置き換わっている箇所もあるが，それ以外の部分は，現在でも集落の人たちが清掃や補修を行うことで，石畳を維持・管理している。

このようなアバイの屋根の葺き替えや石畳の維持管理など，集落の人たちが集まって行う共同作業のことを，日本の委任統治時代の名残で，彼らはキンロウホウシ（勤労奉仕）と呼ぶ。そのようなキンロウホウシの催行日は，集落の伝統的首長が決定し，住民総出で行われる。集落の共有空間を自分たちの手で維持・管理

図 1-3 パラオの集落（左：アバイ、右：石畳）

をすることを通して，生きた文化資源としてのアバイや石畳が現代でも保全されている。

4．流域生活圏の土地利用システム

　続いて，パラオの文化的景観の構成要素として重要な流域生活圏内の土地利用システムについて，特に植物利用に着目しながら述べていく。ユネスコの諮問機関にイコモス（国際記念物遺跡会議）という世界遺産の調査機関がある。イコモスによる太平洋島嶼における文化的景観に関する調査によると，「太平洋島嶼における文化的景観は，島嶼という狭小な環境に人々が適合する上で発達した植物栽培に関連した文化的景観に特色があり，園芸，農耕，育林をとおして固有の景観が形成された」[ICOMOS 2007]とされる。パラオには，先にも述べたように1,200種を超える多種多様な熱帯植物が生育する。島に生きる人々は，生活の中で有用な植物を様々な用途に用いてきた。

　熱帯島嶼で暮らしていくに当たり，非常に重要な自然環境条件として，土壌の特性がある。熱帯地域には貧栄養の酸性土壌の赤土が広く分布する。赤土は，非常に粒子の細かい粘土性の土壌であり，熱帯特有のスコールが強く打ち付けるため土壌が流出しや

すい。また、島が狭小であるため、流れ出した赤土はすぐに海に到達する。海に流れでた赤土は、サンゴ礁の上に堆積し、海の生き物の生息環境に影響を与える。すなわち、赤土の流出は、流域の中で、連鎖的な影響をもたらし得るため、赤土流出をいかに防ぐかという視点が重要となってくる。そのような熱帯島嶼特有の自然環境条件が、島民の土地や自然資源の利用方法に非常に深く関わっている。

図1-4は、一つの集落（バベルダオブ島のイミョング集落）を例にとり、流域生活圏の土地利用図を示したものである。衛星画像をもとに、GPSを用いた空間調査を行い、GIS（地理情報システム）を用いて作図したものである。図中の太線は流域の境界を示す。

集落は周囲を山に囲まれた谷間の川沿いの火山岩林とマングローブ林の境界付近に立地している。これは、生活用水としての淡水を得ることができ、かつ出来るだけ海に出やすい場所に集落を配置したためである。集落の中心部分は、500メートル四方に満たない領域であるが、主食であるタロイモが栽培される川沿いの肥沃な湿地の水田（Mesei）、キャッサバや乾性のタロイモなどが栽培されている日当りがよく水はけのよい斜面上部の畑地（Sers）、比較的平坦な土地にココヤシやバナナやマンゴーをはじめとした有用植物が植えられている家まわりの園芸空間（Mekesokes）、周囲の急斜面地で建材用や燃料用となる有用植物が生い茂る育林地（Telemetamel）など、水環境、土壌、傾斜、日当たりといった土地条件に合わせて様々な土地利用がモザイク状に分布している。

一方、集落の上流側には、狩猟・採集の場で、かつ生活用水の水源ともなっている森林・草地域が広がっている。草地は、多く

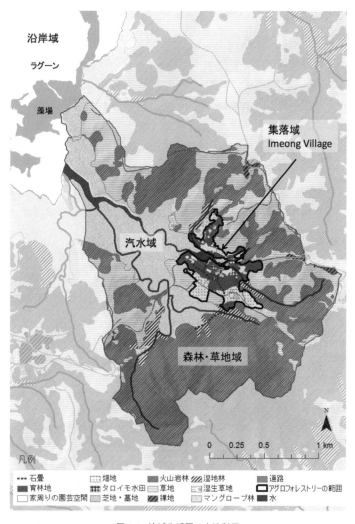

図 1-4 流域生活圏の土地利用

が人為的影響によって形成されたもので,集約的な利用はされていないが,多様な薬草が生育するなど,人々の暮らしになくてはならない存在である。集落の下流側には,マングローブの生育する汽水域と,魚介類の宝庫である沿岸域が続いている。マングローブの汽水域は,上流からの土砂が堆積した湿地であり,潮の干満に合わせて海水が流入する。マングローブは,防潮,防風,防波といった緩衝効果を有するほか,幹は建材となり,入り組んだ根はマングローブ蟹などの生物の棲息場所となっている。そして,マングローブ域の先の沿岸域は,藻場やサンゴ礁が広がっている。藻場や浅瀬内ではナマコや貝などを採集し,その沖のバリアリーフ付近は良好な漁場となっている。

このように,流域生活圏内は,上流側の森林・草地域,集落の中心部,下流側の汽水域,そして沿岸域の4つの異なる生態的・文化的な特徴を有するゾーンから構成されており,小規模ながら多様な土地と自然資源の利用を可能としている。そして,この自律的な流域生活圏が,島嶼の文化的景観を成立させる基礎となっている。

5. アグロフォレストリー

そのようなパラオの文化的景観をよりよく理解するために鍵となるのが「アグロフォレストリー」である。アグロフォレストリーとは「アグリカルチャー」と「フォレストリー」を組み合わせた言葉で,「一つの土地利用単位において樹木を栽培し樹間で農作物の栽培や家畜の飼育を行なう統合的な土地利用と行為の総称」[Lundgren and Raintree 1982]と定義される。熱帯でしばしば環境問題の要因としてあげられる,サトウキビやパイナップルやアブラヤシなどのモノカルチャー的プランテーション栽培とは

対極にある概念である。

　パラオのアグロフォレストリーの中には，果樹やイモ類などの飲食用の植物の他，様々な薬用，祭祀用，観賞用の植物が植えられている。熱帯の強い太陽光により，高木だけでなく，亜高木，低木，草本まで空間を多層的に利用して栽培することができる。実際に，パラオの有用な50種類の植物の利用実態に関して，60世帯の方に聞き取りを行った結果によると，ほぼ全ての世帯が利用しているものとして，ココヤシ（高木・亜高木）やバナナ（低木）やパパイヤ（低木）などの果樹，タロイモ（草本）やキャッサバ（草本）などのイモ類，嗜好品であるビンロウジュ（高木・亜高木）の6つの植物があげられた［飯田 2012］。そして，8割以上の世帯が栽培している植物は全体の52%の26種で，6割以上の世帯が利用している植物は，全体の76%の38種類にのぼった。多くの世帯が日常的に多様な植物を利用していることがわかる。また，用途としては，食材・建材・繊維・装飾・薪・肥料・薬・毒・石鹸・道具・祭祀などの様々な用途が存在し，28種類の植物は，3種類以上の用途に使われていた。最も用途が多いものは，ココヤシであり，実を食用とするだけでなく，幹は建材，枝は薪，オイルは薬や石けんなどと合計10の用途に用いられていた。

　そのようなアグロフォレストリーでの多種多様な植物利用からは，文化的景観に内在する土地や自然資源の持続的利用の鍵となる3つの要素を読み取ることができる。

　一つ目は，土地の自然的特性に適した土地利用の選択である。流域生活圏の土地利用システムでも述べたように，水環境，土壌，傾斜，日当たりといった土地条件に即して，タロイモ水田（Mesei），畑地（Sers），家まわりの園芸空間（Mekesokes），育林地（Telemetamel）といった異なる土地利用がモザイク状に配置

され，その土地に適した多様な樹木と作物が選択的に栽培されている。

二つ目は，降雨による赤土流出を防ぎ安定性を高める土地の保全的行為である。家周りの園芸空間や育林地でみられる高木から草本までの多層的な樹木栽培は，表土を植物が覆い，かつ，根が縦横に張ることで，土壌浸食を防ぐ効果を持つ。また，タロイモ水田や畑地では，バナナの葉などで土を覆うマルチングという行為により，意図的に土壌浸食を防いでいる。

三つ目は，物質循環を生産の過程に組み込むことで，土地の生産性を維持していることである。例えば，アグロフォレストリー内では鶏や犬猫などが放し飼いとされており，その排泄物が分解され，土壌の肥沃性を高めている。タロイモ水田や畑地では，植物の葉や海藻などの有機物がすき込まれ，土壌の生産性をあげるのに一役かっている。そのため，現在でもアグロフォレストリー内では化学肥料がほとんど使われていない。

このように，アグロフォレストリーでは，土地の自然的特性に即した土地利用の適正配置，土地の保全的行為，物質循環による生産性の維持という特性により，土地と自然資源を持続的に利用する仕組みが存在している。すなわち，アグロフォレストリー自体が，自然の摂理と人間の活動の均衡のとれた一つの生態的・文化的なシステムとして成立していると捉えることができる。

本章で例として示した集落は，500年程前から続く古い集落であり，人々は土地や自然資源を収奪しきることなく，ほぼ同じ場所で暮らしを営んできた。冒頭でも述べたように，文化的景観の重要な点は，ただ単にランドスケープが視覚的に残されているということだけでなく，そのランドスケープが今日まで継承されうる持続的なシステムを内包しており，その持続的なシステムを

図 1-5 有用植物と用途の事例

[1-4] ココヤシ：パラオで最も多様な用途に用いられる。果汁は飲料用，果実は食用やオイルなどに利用される他，葉を用いてバスケットを編む。食べ終えた果実は他の樹木の根覆いとなり，肥料として，また，土壌の流出を防ぐために利用される。[5-8] ニッパヤシ：淡水に近い汽水域に生育するマングローブの一種。葉は伝統的な家屋の屋根を葺くのに用いられるほか，ほうきなどの雑貨へも利用される。また，実もしばしば食用とされる。[9-12] マホガニー：日本委任統治時代に持ち込まれた外来種である。しかしながら，民芸品であるストーリーボード，薪や炭や建材として，現在では生活に不可欠な樹木となっている。[12-16] ビンロウジュ：ココヤシと並ぶパラオの伝統的な有用植物である。パラオ人は老若男女問わず実をチューイングすることを好む。また，真っ直ぐ伸びる幹はベンチや建材として利用される。

人々が日々の暮らしの中で維持してきたということにある。パラオの流域生活圏を基盤とする集落の文化的景観は，まさにこの持続的なシステムとそれを支える生業が維持されてきたからこそ今日まで継承されてきた。これは，熱帯島嶼という限界的でかつ脆弱な自然環境に，人々が適応する中で築かれてきた文化的所産である。

第3節 現代における文化的景観の変化と今後の展望

　ここまで述べてきたように，パラオの流域生活圏を基盤とする集落の文化的景観は，近代化が進んだ現在でも，その特徴を色濃く残しているといえる。しかしながら，文化的景観は，固定的なものではない。文化的景観は人々の暮らしを通して形成されるからこそ，島の内外の力により，変化していくことが必然である。

　実際に，先にも述べたアグロフォレストリーを中心とする50種の有用植物に関する利用実態調査からは，30〜70歳代までの回答者がいずれも平均70%（35種）以上の植物を利用しているのに対し，20歳代の回答者は平均56%（28種）とやや利用率が下がっている。現在利用されている植物の中には，次世代では利用されなくなるものも存在すると予想され，時代とともに受け継がれる知識は変化しつつあると言える。

　特に大きな変化の要因として，輸入食料品への依存があげられる。昨今，伝統的な暮らしを色濃く残す集落にあっても，日常生活で消費する食料品の一部は自家栽培ではなく，マーケットでの購入によってまかなうようになっている。すなわち，今日のパラオでは，地域内の土地と自然資源を自給自足的に利用する自然経済の上に，島外から輸入される財・サービスを購入する貨幣経済

図 1-5　有用植物と用途の事例（前項続き）
【1段目・2段目：果樹・果実を利用するもの】[17] ランブータン。[18] サワーサップ。[19] ビリンビ。[20] パンノキ。[21] パパイヤ。[22] タコノキ。[23] パイナップル。[24] ノニ。【3段目：食用の草本類・イモ類】[25] バナナ。[26] タロイモ水田：バナナの葉をマルチングとして利用している。[27] タロイモ。[28] タロイモとタピオカをセンネンボク（No.33）の葉でくるみ蒸したもの。【4段目：観賞装飾用・薬用の花】[29] ハイビスカス。[30] サンタンカ。[31] ノボタンの花輪。[32] プルメリア。【5段目：薬用・祭祀用・鑑賞装飾用の草本類】[33] センネンボク：薬用・葬儀用・観賞装飾用，葉はタロイモなどのラッピングに用いられる。[34] ウコン：薬用・出産儀礼用に用いられる。[35] クロトン：薬用・葬儀用・観賞装飾用。[36] レモングラス：薬用・葬儀用・観賞装飾用。

が浸透し，自然と人間との関わりが変化しつつある。

しかしながら，完全に貨幣経済に移行し，伝統的な土地や自然資源の利用が失われたのではなく，時代の変化に適応しながらも，流域生活圏における土地利用システムや，アグロフォレストリーにおける植物利用の文化は少なからず今日まで継承されている。このように，自然経済と貨幣経済とがいわば重層的，相互補完的に存在していることは，これからの島嶼地域の持続可能で自律的な社会形成を考えていくために重要な点である。

冒頭で述べた文化的景観の定義の中には，「人間社会又は人間の居住地が・・・（中略）・・・社会的・経済的・文化的な内外の力に継続的に影響されながら，どのような進化をたどってきたのかを例証するもの」[UNESCO World Heritage Center 2012]とある。すなわち，文化的景観は，時代の流れの中で「進化」し得るものである。そのため，ピラミッドなどの歴史的建造物のように現状を凍結的に保存しようとすることは，逆にその本質を失わせる行為である。今日まで継承されてきた島嶼特有の文化的景観をどのように進化させ，次世代に伝えていくことができるのか，現代に生きる私たちに知恵が求められている。

参考文献

飯田晶子（2012）「熱帯島嶼パラオ共和国における流域圏を基礎とするランドスケープ・プランニングに関する研究」東京，東京大学，博士（工学）学位論文。

GEF and UNDP (2005) *Republic of Palau National Biodiversity Strategy and Action Plan*, 66.

Golbuu, Y., E. Wolanski, P. Harrison, R. H. Richmond, S. Victor and K. E. Fabricius (2011) Effects of Land-Use Change on Characteristics and Dynamics of Watershed Discharges in Babeldaob, Palau, Micronesia. *Journal of Marine Biology*, Vol. 2011, Article ID 981273.

ICOMOS (2007) *Thematic Study of Cultural Landscape in Pacific Islands*, 130.

Lundgren, B. O. and J. B. Raintree (1982) Sustained agroforestry. In B. Nestle (Ed.), *Agricultural research for development: Potentials and Challenges in Asia, International Service for National Agricultural Research* (pp. 37-49).

OERC, Office of the President of the Republic of Palau (2002) *First National Communication to the United Nations Framework Convention on Climate Change*, 90.

UNESCO World Heritage Center (2012) *The Operational Guidelines for the Implementation of the World Heritage Convention*, 165.

なかゆくい

パラオの文化的景観を活かした新たな景観の創造

本編ではパラオの文化的景観がこれまでいかに形成・継承されてきたか、あるいはどう変化しつつあるかという話を書きましたが、ここでは、本書のタイトルでもある「島嶼型ランドスケープ・デザイン」の「実践」の話を紹介したいと思います。つまり、これから新たな景観をいかに創造していけるのか、という視点の話です。対象となるのは、パラオの経済の中心地であるコロール島のメインストリートです。図の上段と中段は、1930年代の写真と、2010年代の写真です。1930年代の街路は、日本委任統治時代に日本の都市計画家によって作られたものです。マンゴーの木が両脇に植えられています。当時日本の都市計画家は、日本でも先端的であった並木のある街路空間の整備を実施しました。一方で、戦後のアメリカの信託統治時代は、日本的なる建築は破壊されるとともに、車社会に対応した街路空間に作り変えられ、並木は姿を消しました。しかし、日差しが非常に強いパラオの気候の下、アスファルトの照り返しも厳しく、こうした空間を歩くことは非常に過酷です。また、歩行者の直ぐ脇を車が通過するため危険でもあります。結果としてパラオの人々はほとんど誰も歩かず、ここを歩くのは観光者くらいとなっています。もちろん観光者も歩いていて決して快適ではありません。誰にとっても歩いて快適な街路空

間とするため，改善の余地が大いにあると考えています。そこで今，図の下段のように，並木と遊歩道のある街路空間を再生できないかということをパラオの関係者と話しています。戦前はマンゴーの並木でしたが，これからは，本文で述べたアグロフォレストリー型の多用な樹木が植えられている並木がいいのではないかと思っています。それにより，パラオの伝統的な植物利用の文化を反映した街路となり，また様々な果物がとれて楽しい街路となるはずです。ただ，このような並木と遊歩道をもつ街路空間の形成には，各店舗の前にある駐車場を移設し，スペースを確保しなければならず，地権者の合意形成が大きな課題です。以上の提案は，まだアイディア段階であり，現実化するためには長い道のりが待っていますが，少しずつ，これから50年，100年かけて育てていけるような景観，つまり，いずれ本編で述べた「文化的景観」に育っていくような景観づくりを実践していきたいと考えています。

〈パラオのメインストリートの景観〉

1930年代の街路
(Belau National Museum所蔵)

2010年代の街路

アグロフォレストリー型の並木のある街路の提案

台湾・金門島にみる文化的景観のダイナミズム

波多野 想

第1節 はじめに

1992年にユネスコの世界文化遺産に「cultural landscape」が導入され、日本では2005年に文化財保護法が改正された際に「文化的景観」が盛り込まれた。文化的景観とは、人々の日常的営みや社会的諸活動が地域の自然や文化の中で積み重ねられ具体的に形成され、また人々によって知覚されるものである［本中 2009: p. 9］。換言すれば、文化、社会、経済、政治、信仰など非視覚的な要素に影響を受けつつ具現化されると同時に、それらの要素を通して認識されたものを文化的景観という。そのため、社会状況の変動様態次第で、当該の文化的景観は緩やかに変わっていくこともあれば、急激に変ずる場合もある。すなわち、文化的景観は、変化（change）の緩徐性と変容（transformation）の急進性を内在的にあわせもつ存在である。島嶼の場合、それは一方で完結した空間であるが故に固有性をもつものとして長い時間をかけて緩やかに変化し、他方で外部との相互作用の仕方によってドラスティックに変容する可能性をもつ。

本章では、そのような特徴を、伝統的集落群、華僑によってもたらされた華洋折衷建築（教育施設）群、軍事拠点化によって島

内各地に設置された軍事施設群，島の観光地化などによって変化と変容を繰り返しながら，景観が重層的かつ複合的に形成されてきた台湾・金門島を例に考えていきたい。

第2節　動態としての文化的景観

1．文化的景観の重層性と複合性

　社会人類学者のインゴールド（T. Ingold）は，景観（landscape）とは陸地（land）でも自然（nature）でも空間（space）でもなく，長い年月をかけて展開する物語のようなものであり，人々と周辺環境の間で実践される相互作用の継続的なプロセスそのものであるという [Ingold 1993：pp. 152-174]。そのインゴールドの視角は，景観を「文化的イメージ，環境を表象するための絵画的な手法」とみなすコスグローブとダニエルに対する批判として提示されたものであり，その批判は彼らが文化を，テクスト，イメージ，サイン，シンボル，表象，ディスコースなどの非物質的存在にとっての本質と理解する点に向けられたものであった [Wylie 2007：pp.153-157]。そしてインゴールドは「居住（dwelling）」の視点から，「景観は，そこに居住する人々や，その場所に滞在する人々，その場所に繋がる経路に沿って旅をする人々によって知られる世界であ」り [Ingold 1993：p. 156]，景観がもつ形態はそこに過去に居住していた人々による生活および仕事の永続的な履歴によって構成されるものであることを明らかにする。

　そうした景観概念を提示するに先立ち，インゴールドは，「時間性（temporality）」という概念を手がかりに，景観における過去，現在，未来の相互浸透を追究する。インゴールドによると，「時間性」は過去の出来事を年代順に並べた年表でなく，また歴史

でもない。むしろインゴールドは，マクタガート（J. McTaggart）の時間に関する論を展開させたジェル（A. Gell）による時間のA系列とB系列に関する議論を踏まえ，出来事の連なりに時間が内在するとするA系列において，現在の出来事が過去の事象を把持しており，それを包含しつつ未来へと向かっていくとする。とすると，現前する景観には過去，現在，未来が相互に関わりをもつ状況が具体化され，その状況が人々の社会的行為による経験を通して時間性と歴史性をつなぎ合わせることになる。したがって，出来事の過去－現在－未来における相互浸透の関係性は，景観においてはそれ自体が持続性とみなされる。換言すれば，景観の物質的次元においては，過去の要素，現在の要素，未来の要素が相互に規定し合う関係が存在し，その相互規定性こそが景観の特徴を形作っているといえる。だからこそ，アーリ（J. Urry）がインゴールドの論を手がかりに，コミュニティにおいて世代を超えて堆積してきた道のネットワークが新たに建設された街道によって飲み込まれるとき，それにともない人々の環境における営み[1]は破壊され，その消滅を街道が埋め合わせることはない［アーリ 2006：p. 238］，と述べているのは街道の建設が時間を越えて存在する要素の相互規定性に混乱を生じさせていることを批判的に捉えたことを意味する。

とはいえ，新たな街道の建設によって，景観の一切が消滅するというものでもない。パワーショベルであらゆる建物や自然が破壊され，ブルドーザーで辺り一面が地均しされるようなことがなければ，そこで人々は日常生活を送り続ける。そして人々が日常生活を実践していくなかで，新たに建設された街道に利用価値を見出したなら，自身の日常的タスクと街道の利用を接続し始めるだろう。そこから新たな景観が過去と現在を接続しながら再編成

されていく。そうした景観は，インゴールドにおいて，またアーリにおいても，望ましい景観とは言えないのかもしれない。しかし，人々の日常的実践によって構成される景観も，そこに居住する人々も，社会，政治，経済などの変動に対して逞しく生きざるを得ない。景観が徐々に変化（change）しようが，政治動向に翻弄されながら極端に変容（transformation）しようが，その形態を景観と呼ぶなら，そこには人々の日常が存在している。その点にこそ，景観の特徴を見出す必要がある。したがって，ここで重要なことは，景観を過去や現在の一瞬における様態として切り取るような静的な，あるいはあたかも景観が不変であるかのように捉えるのではなく，むしろあるタスクの進行過程における絶え間ない移り変わりとして把握していくことである。景観の形態が人々の生活に先立ち準備されていることは当然ながらあり得ない。その景観の形態はそれを形作る「居住」のプロセスそのものなのであり，したがって，景観は常に進行過程にあるという性質をもつ [Ingold 1993：p. 162]。ゆえに，過去－現在－未来の事象が景観において相互浸透していると考えることで，ある景観の特徴を明らかにすることができるのである。「景観の形態が人々の生活に先立ち準備されているのではない」という点は，先の街道建設にも当てはまる。街道は従前の景観を破壊する恐ろしい存在である。しかしそれとほぼ同時に，新たな景観を生み出す契機にもなり得る。要は新たな事物の存在が，過去や現在と相互浸透し得るか，さらにはさらなる未来とも相互浸透し得るかをみていくことが景観マネジメントに課された課題である。

そこで，景観はパリンプセスト（palimpsest）になぞらえて表現されることがある[2]。パリンプセストとは，古代・中世のヨーロッパにおいて，羊皮紙などにすでに書かれていた文字を消して

新しく書かれた古文書のことをいう。新たに文字を書き記す際,不要とみなされた文書を消去し上書きした。元の文書は肉眼では判別しがたいものの,その痕跡がまったくなくなるわけではない。同様に,各時代の社会は,その時代の経済的状況や社会情勢,技術の進歩を通して,前の時代に構成された要素を消去しそれを新たな要素によって置き換えようとする。しかし言うまでもなく,前時代の要素がすべて新しいものに置換されることはない。むしろ複数の時代の要素が重層的に折り重なってひとつの空間に収まっていることに現在社会の特徴を見出すことができる。そして,その特徴が空間に反映されたものが景観であるといえる [Palang and Fry 2003 : pp. 1-13]。

ところで,異なる時代に形成され同時代に存在する景観要素は各々独立しているわけではない。それらの要素がある時代の要請に基づいて存立している以上,要素同士は何かしらの関係性をもって存在している。したがって,一つの要素が変わることは,他の要素に影響を及ぼし,さらには景観の全体的特徴が変わることを意味する [Antrop 1997 : pp. 105-117]。

那覇の現代景観を例に考えてみよう。現在の那覇にはゆいレールと呼称されているモノレールがある。那覇空港と首里を結ぶこの公共交通機関は,2003年に開業した現代的な景観要素のひとつである。そしてこのモノレールが開業するずっと前から,那覇市内には道路網が整備され,多くのバスが行き交い住民の足となってきた。その様相は今でも変わらない。ゆいレールの終着駅である首里駅を降りて歩くこと,10分から15分。徐々に首里城の石垣と建築物の赤い屋根がみえてくる。よく誤解されていることでもあるが,世界遺産に登録されているのは,首里城跡であり首里城そのものではない。アメリカ軍の攻撃によって全焼した首里

城自体は1990年代以降,現在に至るまで復元作業が進められている。

首里城の北側に位置するのは,琉球王朝時代からある龍潭通りである。通り周辺には由来が琉球王朝にまで遡る歴史遺産が数多くあり[3],現在,那覇市によって景観整備が進められている。それは,那覇市によれば,「首里らしい演出や統一感を持たせるような景観形成の効果を図ること」が目的であるが,首里らしさとは何なのか,またそもそも琉球王朝時代の龍潭通りにおいて統一感のある町並みが形成されていたのだろうか。すなわち,「首里らしい演出や統一感」とは,現在において過去を喚起するための歴史評価であり,まちづくりの概念装置なのである。

このようにみてくると,異なる時代に形成された要素が現前する景観に内在し,各々関係を取り結んでいることがわかる。過去に形成された事物が現在のなかに把持され,公共交通機関のような現代的諸要素と複合的関係をもつ。過去の事物が文化遺産に指定・登録されているならば,それらの事物は未来へと持ち込まれることがすでにある程度まで約束されている。概念装置としての歴史評価は現在から過去を照射し,形成すべき未来の景観を持続的に形づくるのである。景観とはまさに,こうした時代を越えた要素が関係性をもつことで一体的に構成される複合的な存在でもある。

2. 領域としての文化的景観

先述の通り,景観とは,そこに居住する人々や旅をしながらたどり着いた人々の行為によって社会的に構築されるものである。景観が社会的に構築される以上,目の前に広がる環境の全体を景観と捉えることはできない。仮にある空間の一帯が物質的に連続

するものだとしても,そこになんらかの境界が横たわっている場合,そこには景観の裂け目が存在している。したがって,景観には常に境界をいかに理解するかという問題が関わってくるのである。

　景観における差異の境界(boundaries)は,コミュニティの領域的・機能的関係,空間構成,帰属感や自己依存の感覚とともに構築されるものであり,それは当該の社会を理解する上でも必須の問題である。同時にそれは,人々と周辺環境の間で実践される相互作用の継続的なプロセスである景観の本質に関わる問題でもある。

　ミラーとハシュミ(D. Miller and S. H. Hashmi)によれば,「境界」は,二つの基本的な範疇に分類される。第一に,「社会的境界(social boundaries)」がある。社会的境界は,人々が自身の存在を確認し,また他人から認識される際に浮かび上がる。例えば,その境界は,職業,生活スタイル,生まれ育った環境がもつ文化などによって存在を確認することになる。また場合によっては,市民のみが享受できる福祉サービスにみられるように,各々の市民権によって境界が設定される [Miller and Hashmi 2001：pp. 3-4]。つまり,社会的境界によって形成される領域性は,人間の文化的,社会的連帯や制度がいかに空間のなかで組織されるかを問う問題といえ [Delaney 2005：p. 10],そのため,景観の社会的境界は,時代ごとの社会的状況や要請によって変動する可能性を孕んでおり,その境界こそが景観の特質を具体的に示す実態として立ち現れる。

　第二に,領域的境界(territorial boundaries)がある。これは物理的空間における境界のことを指し,ある特定の領域を形成するものとして地球の地表面を区分するものである。さらにこの領域的境界は二つに分類され,一つは「所有」によって意味づけられ,

二つは政治的管轄区域を示す［Miller and Hashmi 2001：pp. 3-4］。前者の場合，その境界は，所有者が物を利用する権利を与えられている範囲かつ他者がその利用から排除される範囲を領域と定義することで決定される。すなわち，所有の境界の機能は，住居，農場，工場などの管理が特定の人々によって合理的に行われていることを意味する。後者の「政治的管轄区域」とは，人がある物理的現在に対して権力を行使することができる領域である。その領域は法規制によって典型的に位置づけられ，また境界の重要性はその境界範囲内に居住することで人々が法の適用を受ける点にある［Miller and Hashmi 2001：p. 4］。したがって，やはりこの領域的境界からみた景観も，コミュニティ内における物質の所有状況や政治的状況によって変動する可能性がある。例えば，土地の所有者が誰なのか，あるいは土地の利用が時の政治によって制限されていないか，など土地が抱え込む権利や政治性を明らかにすることが，景観の特質解明につながる。

境界に関するこうした議論から，景観が，その内部に存する要素の過去－現在－未来の相互浸透を伴う重層性や複合性をもつのみならず，文化，社会，経済，政治などによって常にその境界が引かれ直される動態的存在であることがわかる。否，境界の問題は，まさに景観の重層性や複合性と一体的に捉える必要がある問題である。その点で，次に論じる金門島における歴史と景観の変転はまさに領域の動態性の問題と捉えることができる。

第3節　金門島の歴史と景観

台湾海峡に位置する金門島は，対岸に中国福建省の廈門を肉眼で見ることができるほど，中国大陸に近い。金門県は大金門島（金

城鎮，金湖鎮，金寧郷，金沙郷）と小金門島（烈嶼郷）を中心に複数の島々によって構成されている。面積は約150km^2，現住人口は7万人弱である[4]。

　古く17世紀には鄭成功による反清復明の拠点になっていたことで知られる。中国福建省の辺りは山が海に近く耕地面積が少ないうえ人口密度が過剰であり，また海上貿易も盛んに行われていたことから，17世紀頃になると，海外へと移住する人々が増加した。金門においても同様に，同時期に台湾や澎湖への移民が増加した。19世紀には，福建から金門へ移住した人たちがさらにシンガポール，インドネシア，マレーシアなどに華僑として渡っていく際の郷村として成立した。この過程で形成された集落の多くは単姓村で，住民組織は家廟を中心に構成され，また集落空間そのものも家廟の周囲に住居が配置される形式をとっていた（図2-1）。

　それが，1920年代から30年代になると，海外に移住した人々による送金をもとに，華洋折衷建築が数多く建てられるようになった。川島真によれば，海外移民の郷村としての金門の特徴のひとつに，技術や建築様式，さらには文化の伝播があるという［川島2011：p.47］。すなわち南アジアに移住した人々が現地で獲得した植民地建築の技術や様式を金門にもたらし，金門独自の建築文化と融合することで，独特の華洋折衷のデザインに彩られた住居や公共建築が建ち並ぶ景観が出現した（図2-2，図2-3）。

　そして1937年10月26日，日本軍が金門島に上陸し旧金城（金門城）を攻撃した。以来，金門島は日本軍の占領下に置かれることになり，日本軍は1938年に現地で治安維持会を組織し，さらに島内各所に警察分駐所を設置した。さらに占領地としての地域運営を円滑に進めるために，島民証を発行し地域住民を自らの制

図 2-1 珠山の伝統的集落
（2005 年筆者撮影）

図 2-2 水頭集落に残る華洋建築
（2005 年筆者撮影）

御下に置いた。当時、日本軍は金門の重要資源となっていた磁土や硅砂を掠奪し、さらに住民に対して公共施設などの建設工事やアヘンの栽培を強制した［謝ほか 1999：pp. 88-96］。

　他方で、日本軍による島の占領は、現地人口の減少を招いた。南洋協会台灣支部が編纂した『南支調査資料　福建省金門島概況』によれば、占領直前の 1936 年当時の金門島の人口は 49,868 人、総戸数 8,395 戸であった［鹿又・島居 1938：p. 2］。しかし日本軍による占領により、多数の住民がフィリピン、マレーシア、シンガポールなどに居住する親類を頼って、海外へ避難したとされる。珠山（図 2-1）という一つの集落について具体的にみていこう。1910 年の時点で、珠山の人口はおおよそ「二百餘戸、丁口千餘眾」であった［珠山文獻會 1991：p. 274］。しかし同集落の人口は、海外への移住や婚姻などによる他集落への移転によって、徐々に減少していった。当時珠山で作成され集落の現状を伝える新聞であった『顯影』によれば、1936 年の人口調査時において、すでにフィリピン、シンガポール、インドネシアなどの南アジアに移住していた人が 198 人にものぼり、その数は全体の 23.5％に及ぶ［著者不明 1935］。他方、1935 年の珠山では 593 人の住民が生活していたが、1936 年に日本軍が金門を侵略した際には、全人口の

図 2-3　海外移民によって建設された睿友學校（1934 年建設）（2005 年筆者撮影）

図 2-4　1949 年以降建設された軍事施設（2008 年筆者撮影）

67.6％の住民が集落外に避難し，その後，大多数の住民が中国大陸もしくは南アジアの各地に渡っていった［著者不明 1935］。日本軍の占領後に残った人口は 3 割程度であり，そのなかで多くの家屋が廃墟になっていったであろうことは想像に難くない。

戦後になると，1949 年以降，中国大陸における共産党と国民党の対立関係のなかで，金門島は国民党（中華民国）が拠点とした台湾を防衛するための前線基地と位置づけられ，軍事動員体制下に置かれることになった。そのなかで，金門島内には軍隊駐屯地，要塞，軍港，軍事用トンネル，弾薬庫などが建設され（図 2-4），また地域住民が生活する集落内にも防空壕が設置された。地域住民の生業も大きく変化し，農業や漁業を営んでいた住民が軍人を対象としたサービス業へと転換した。

1992 年にようやく軍事動員体制は解除され，その翌年から戦争遺跡の保護のために国立公園の設置が検討され始めた。そして 1995 年，戦争遺跡と伝統的集落を中心とする国立公園として「金門国家公園」が開設された。さらに 2010 年，台湾政府は金門県に残る戦跡が世界遺産としての価値を有すると判断し，台湾が独自に設定する「世界遺産登録推薦地域」に選定した。これらの文

化遺産化と並行して，金門島内の古民家を民宿として活用する動きが金門国家公園を中心に進められた。軍事動員体制解除後の金門では，多くの古民家が住民の希望により取り壊されたり，あるいは所有権が複雑となり放置される事例が増加していた。そこでそのような事態に対応しない限り伝統的な集落の景観が消滅する恐れがあると考えた金門国家公園は，古民家保護のための修復と再利用を目的としたプロジェクトを開始した。2014年までに国家公園内で79棟の古建築が修復され，展示館のほか，民宿や売店として再利用されている[5]。

他方で，林美吟が指摘しているように［林 2014：pp. 61-73］，2001年から中国大陸・廈門との間で始まった小三通政策（通信・通商・通航）によって，経済発展と都市化が進み，集落景観の破壊や大規模開発などの問題が起こるようになった。さらにここ数年，台湾政府は金門島の観光地化を政策として積極的に推し進めている。特に，2013年5月に行政院（日本の内閣に相当）が「観光賭場条例（草案）」を作成した。この条例によるカジノの運営は離島の観光ホテルに限られており，金門島はその候補地として期待されているため，金門における観光ホテルへの投資が急増している［林 2014：pp. 61-73］。そのような観光開発に対しては，一部住民が期待を抱いているものの，多くの住民は歴史遺産や自然環境を貴重な資産と捉え反対運動を展開している。

第4節　金門島の景観変化と景観変容

前節でみた金門の歴史は，景観分析の観点から以下の5つの局面に分けることができる（図2-5）。
①伝統的集落景観

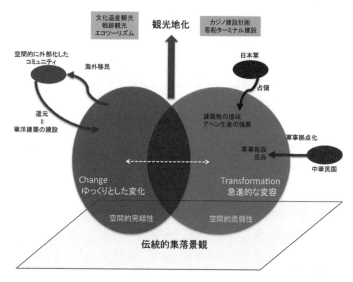

図 2-5　金門における景観の緩徐的変化と急進的変容

　金門島の集落は，家廟を中心に，その周囲に住居を配置する空間構成をもつ。集落の外部には住民が利用する農地が広がり，その農地とさらに外部を隔てる境界には，5本の黒旗が立てられている。これは，金門における文化的景観の原初的形態と位置づけられる。住民の日常的実践のなかで形成された景観であり，長い時間をかけてゆっくりと形成されてきたものである［Antrop 1997：pp. 105-117］。

②教育景観―教育環境の充実と華洋折衷建築の出現

　1920年代から30年代にかけて，南アジアへの移民の増加と移民らによる送金に基づく住居や公共施設の建設がそれまでの伝統的集落景観とは大きく異なる景観を現出させる。特に移民が故郷の公益に寄与することを企図し，多くの集落で小学校建築が新築された。新築の際，移民がもたらした南アジアの植民地建築がも

つ技術や様式を咀嚼した結果生み出された華洋折衷建築が多くの小学校で採用された［陳・波多野 2007：pp. 673-680］。これは，各集落から移民として南アジア各国にわたり，各地で新たなコミュニティを形成した人々によって，その移民行為が郷里に還元されたことで編成された景観といえる。海外に移住することで郷里の経済性を高めることを目指した金門の人々の行動は本来的に金門島内に限定されるものではなく，またその実践において形成された景観は金門島を物理的に限定する海岸性を越え，南アジアに広がる。すなわち，集落がもつ領域的境界と，多くの移民を集落に外在させることで形作られた社会的境界は大きく異なる。従前の伝統的集落景観に比し，その変わり様は決して小さくないが，中国大陸南部が長い年月をかけて培ってきた海洋文化によって出現した景観といえる。

③占領景観—日本による華洋折衷建築の接収やアヘンの強制栽培

金門島を占領した日本軍は，占領下の住民を馴化するために，アヘンの栽培を強制した。また金門の伝統的な建築に比し近代性を表象する華洋折衷建築を接収し，事務所や病院として再利用した［波多野 2007：pp. D-185-190］。前者は農業景観の変容に結びつき，後者は生活景観の変容に帰結する。ここに現出した景観は，「教育景観」とは大きく異なる。それは取りも直さず，金門島自体とその社会がもつ領域性の外部に位置しているはずの人々が金門社会に侵入したことに起因する。多くの人口が島外に逃避し，本来的な社会的領域が島に対して外在する事態が起こる。また人口が多くの他国に分散することで，領域的境界も同時に，島外へと移動し，それらは一つのまとまった領域とはなりえなかった。

④軍事景観—国民党軍による軍事拠点化

1949年以降，金門島は中国大陸に対する中華民国側の前線基

地としての機能を担わされ、少なくとも1992年の軍事動員体制解除まで続く。その間、先に列挙したように多くの軍事施設が建設された。さらに伝統的な家屋に居住する住民は民兵としての役割を負担することになり、彼ら彼女らを鼓舞し軍事体制下の住民として馴化するための標語が島内のいたるところに設置された。その標語は伝統的な家屋にも掲示された。「軍事景観」はまさに、「占領景観」同様、金門社会とは関係性が弱い人々、すなわち金門がもつ領域性の外部者が金門島の物理的環境を否応なしに改変することによって生み出されたものである。マイケル・スズーニが述べているように、「金門において軍事化されたものには、ネズミのしっぽ、女性の身体からクッキーの缶までも含まれていた。(中略)広義にみた金門の軍事化は、国府軍を援助するための人々の動員とともに、彼らの利益を軍事的関心に従属させることを意味していた」[スズーニ 2011：p. 63]。

⑤観光景観―軍島から観光地へ

　軍事動員体制解除以降、金門島は文化遺産化と観光地化へと進み始める。それは一方では国家公園の開設や世界遺産候補地としての選定、さらには放置されている古民家の修理と活用など、「伝統的集落景観」「教育景観」を維持し、「軍事景観」を文化遺産として認め、現前する景観を大きく改変しない方策がつくられつつある。それは端的には、伝統的家屋群、華洋折衷建築、軍事施設を文化遺産化し、それら過去と現在において相互に存在が規定されてきた事物を未来へと開く行為である。特に、人々と周辺環境の間で実践される相互作用のプロセスのなかで残され、新たな要素との接合が否応にもはかられてきた景観要素を用いた観光が、「エコツーリズム」、「戦跡観光」、「文化遺産観光」などとして具体化していく。

他方で，リゾート開発やカジノ建設計画は景観の極端な変化に与する危険性をもつ。領域性と景観の関係性からみれば，この危険性はまさに，「占領景観」や「軍事景観」と同様，金門の領域の外部（資本）による景観の変容につながるものである。

第5節　おわりに

金門島は，島民や海外移民の間で構築された社会的な領域でもあり，日本軍による占領期には建築物の接収や島民の強制労働が強いられ，また中華民国による軍事拠点化にともない島民の生活や思想が軍事に従属された政治的領域でもあった。金門島は，島民，海外移民，日本軍，国民党軍，台湾政府などの間の空間的相互交渉による景観の構築を通して政治と空間の関係が如実に表象されていた場である。島民の日常的世界と「植民地」化された世界を，互いに異なるものでありながらも重なり合い相互依存の関係にある領域として扱うことによってこそ，社会政治的影響を伴う物理的景観の形成と変容を明らかにできることを，金門島にみられる景観の実態は物語っている。

景観は，常に「変わる」ものである。しかしその「変わり方」は一様でない。島嶼であるがゆえに，緩やかに「変化」するなかで独自の文化的景観を育む。他方で，やはり島嶼であるがゆえに，軍事的侵攻や占有によって，急進的に景観が「変容」することもある。しかしこれまた島嶼であるがゆえに，景観要素を複合化し，景観を積層し，新たな独自性を確保していく。そのなかで，島嶼の観光は文化遺産や景観に対する地域住民による再認識と保護に対する機運の高まりを促進する一方で，大規模な観光開発は景観を「変容」させるだろう。景観は変わる，だから面白い。しかし

経済や政治優先の「変容」がもたらすものはなにか。

注
1) それをインゴールドは「タスクスケープ」という。
2) 景観をパリンプセストと捉える向きは，イギリスの地域史を専門とするW.G. ホスキンズ（2008）『景観の歴史学』（柴田忠作訳），東海大学出版会（原著：Hoskins, W.G. (1955): The Making of the English Landscape）に始まると考えられる。
3) 地域の事物が文化財に指定・登録されること（遺跡化や遺産化）が町並み形成や観光地化に様々な影響を与える点は考慮する必要がある（波多野想・平澤毅（2015）「台湾の『文化景観』にみる空間・法・社会」『遺跡学研究』（日本遺跡学会誌）第12号，pp.114-119）。
4) 金門縣政府ホームページ（http://www.kinmen.gov.tw/），閲覧日：2015年2月20日
5) 金門国家公園古厝民宿ホームページ（http://guesthouse.kmnp.gov.tw/ ），閲覧日：2014年12月1日

参考文献
アーリ, J., 吉原直樹［監訳］(2006)『社会を越える社会学—移動・環境・シチズンシップ』法政大学出版局。
鹿又光雄・島居敬造（1938）『南支調査資料　福建省金門島概況』南洋協会台灣支部。
川島真（2011）「僑郷としての金門—歴史的背景」『地域研究』Vol.11, No.1, 43-61頁。
スズーニ, M., 福田円［訳］・太田雄三［監訳］(2011)「軍事化・記憶・金門社会――九四九〜一九九二」『地域研究』Vol.11, No.1, 62-87頁。
波多野想（2007）「日本佔領下金門文化景観之變化」『中華民国建築学会第十八屆第二次建築研究成果発表会論文集』，D-185-190頁。
波多野想・平澤毅（2015）「台湾の『文化景観』にみる空間・法・社会」『遺跡学研究』第12号，114-119頁。
ホスキンズ, W.G., 柴田忠作［訳］(2008)『景観の歴史学』東海大学出版会。
本中眞（2009）「国内外の文化的景観に関する最近の動向」『ランドスケープ研究』Vol.73, No.1, 6-9頁。
林美吟（2014）「金門における歴史遺産の保護およびヘリテージツーリズム」

『観光科学』第6号,61-73頁。

謝重光・楊彦杰・汪毅夫(1999)『金門史稿』鷺江出版社。

珠山文獻會編(1991)『金門薛氏族譜』珠山文獻會。

陳佳佳・波多野想(2007)「以地方知識探索金門文化景観:集落教育場所的意涵及角色」『第十屆文化資産(古蹟,歴史建築,集落及文化景観)保存,再利用及保存科学研討会,21世紀文化資産保存準則国際論壇 論文集Ⅱ』,673-680頁。

著者不明(1935)『顯影』十三巻第二期。

Antrop, M. (1997) The concept of traditional landscapes as a base for landscape evaluation and planning. The example of Flanders Region. *Landscape and Urban Planning*, 38, 105-117.

Delaney, D. (2005) *Territory: a short introduction,* Oxford: Blackwell Publishing Ltd.

Ingold, T. (1993) The temporality of the landscape. *World Archaeology*, 25(2), 152-174.

Miller, D. and S. H. Hashmi (2001) Boundaries and Justice: *Diverse Ethical Perspectives,* Princeton and Oxford: Princeton University Press.

Palang, H. and G. Fry (2003) Landscape interfaces. In H. Palang and G. Fry (Eds.), *Landscape Interfaces,* Dordrecht: Kluwer Academic Publishers.

Wylie, J. (2007) *landscape,* London: Routledge.

なかゆくい

知らずして触れる歴史―台湾随一の観光地・九份の文化的景観―

台湾の九份という地名をどこかで聞いたことがあるでしょうか。1990年に日本でも上映された「悲情城市」という台湾映画の撮影が行われ,以来多くの観光客で賑わう場所です。真偽はともかく,日本のあるアニメ映画のモチーフに使われたのが九份の景観だという噂がたち,多くの日本人観光客が集まってくる場所にもなっています。

「悲情城市」の撮影に使われた料理屋は,いつの間にか店名が映画と同一名になっています。その斜め向かいに建つお店にはなぜか「湯婆婆の屋敷」と書かれた張り紙があります(そのそばには映画名も正確に書かれています)。

実はこの九份，あまり知られていませんが，明治30年代から大正期にかけて，日本の実業家であった藤田傳三郎率いる藤田組によって開発された金鉱山でした。大正末期以降は，鉱山運営が顔雲年という台湾人に引き継がれ，1971年まで採掘を行ってきました。今でも，顔雲年の会社によって整備された鉱山施設の一部を目にすることができます。観光客でごった返す町並みは，藤田組時代に台湾の人々によってつくられたものです。また藤田組自体によって整備されたものも，その痕跡が残されています。先の料理屋などが建つ階段道は，実は藤田組が本格的に整備したものです。この階段の最上部には製錬所と鉱山事務所がありました。今は小学校が建っています。逆に階段をずっと下っていくと，海に出ます。海辺には明治30年代に整備された鉱山町が広がっていました。製錬所，警察署や小学校などの公共施設，鉱夫が生活する住居群。その一帯はいま更地になっていますが，古写真と現況を見比べると，少しずつ以前の景観が想像できるようになります。

　藤田組と台湾の人々によって形成された鉱山とそれに付随する町の景観。いまその景観は，鉱山時代の要素を残しつつ，観光地のそれに変貌しつつあります。いまも民宿などの観光客用の施設が増加していますし，これからも多くの人で賑わう観光地として成長を続けていくのだろうと思います。

　景観は変わります。でもだからといって過去のモノがすべてなくなるというわけではありません。過去のモノ（の一部）は現在に受け継がれ，新たにつくりだされた現在のモノと融合します。そう考えると，景観とそこに内在する時間の流れは逞しいと思いますし，そこに居住する人たちはしたたかに景観と付き合っていると，九份に調査に出かけるたびに感じます。

九份の町並み（筆者撮影）

台湾・金門島にみる文化的景観のダイナミズム

沖縄の伝統的集落における生活景と開発
―慣習法によって守られてきた沖縄の風景を
現代法の中でどのように保全し継承していくのか―

小野 尋子

第1節　本章の目的

　周知のとおり，沖縄では県外とは異なる歴史文化的な背景を有し，特有の集落空間を継承してきた。沖縄の固有信仰として祖霊信仰[1]とアニミズム的信仰がある。祖霊信仰は集落開祖の遺骨が埋葬されているという御嶽拝みに象徴され，海のかなたを原郷とするニライカナイ信仰およびアマミキヨ・シネリキヨも祖霊信仰の延長にあるものとされている。井泉信仰・火の神信仰，岩・土地・樹木などの大自然の中にも生命があるとするアニミズム的な信仰や兄妹を守護とするオナリ神信仰も沖縄の固有信仰である。

　このような沖縄の自然崇拝と祖霊信仰が融合した独自の宗教観については各方面から注目をされてきた。文化財や民俗学としての立場からの研究も多いが，集落の生活空間の中にも可視化できる形として存在していたため，農村計画や建築分野からの研究の取り組みも少なくはない。代表的な例として，伊從勉らは，沖縄の御嶽が日本の原始的な神聖感に通じるものであるとして御嶽等の研究を建築計画の観点から展開している。しかし，文化財や民俗学および建築計画の分野では「原始的な形をとどめているもの」

が研究対象として着目されてきたが，実は今日の都市空間・農村空間の課題として捉えた場合，「原始的な形をとどめていないもの」が抱える課題のほうが大きい。なぜなら，本島南部では沖縄戦やその後の都市化の影響で，それらの多くが戦前の形をとどめておらず，文化財としての指定が困難であり，そのために各種開発の際に保全の措置を講じにくいからである。さらに悪いことには，沖縄の聖地に関わる拝みや宗教観は仏教や神道のように経典等を有していないため，なぜそこを拝むのか，なぜそこが神聖なのかについて言葉で伝えるのが困難であるという特徴を持っている[2]。経典を持たないこれらの聖地の神聖・霊性は，地域の人々の拝み等の行為を通じてのみ意義が存在しているともいえる。つまり，明文化された規範を持たない中で人々がその聖地に霊性を見出せるか，祭祀行事等が継続されるかは，「場」の持つ空間の力が大きいにもかかわらず，現状では開発を回避したり，戦前の形に再現したりすることができないため，戦後も少なからず有していた「場」としての霊性が近代化によって無残に失われてしまうケースが少なからずあるためである［小野・清水 2010］。

　文化財等の指定を受けない御嶽等の聖地及び聖地を取り囲む拝所林の変容は多くは戦後の市街化に伴う開発事業や農業関連の整備事業といった公共事業を契機に開発され再整備されてきた［小野ほか 2007］。再整備の多くは，景観法が制定されるまで法的な位置づけを持ちえなかったため，再整備または保全の区域については非常に限定的にならざるを得なかった。こうした沖縄の現状に対し，現行法制度の下でどのような保全の手立てがあるのかについて，この章では事例を通じて解説することを目的とする。

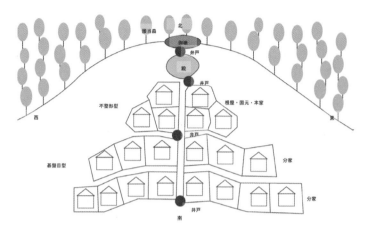

図 3-1 拝みと禁忌意識で継承されてきた沖縄本島中南部の集落骨格と拝所空間(安里進シンポジウム資料に著者加筆)

第2節 伝統的な集落骨格と禁忌意識

1. 沖縄の伝統的な集落骨格

図 3-1 に示すような伝統的な集落形式が、おおむね最終的に完成したのが、沖縄研究の諸説によれば、18 世紀半ば蔡温が中国風水の影響を受けて以降とされている。

「背山得水」、つまり、背後に山を背負った地形の場所に集落の居住域が展開されて、背後の山が防風林や水源涵養林の機能を果たすというものである。さらに、その北風を避けるために風水が悪い所に関しては植林をしたり、集落全体が移動させられたり、ということのような記録が『球陽』にも残っている。この蔡温の時代の集落が今まで基本的に継承されてきているのが沖縄の特徴であり、那覇、浦添、宜野湾などの市街化された都市部でも、戦

前までの資料や航空写真と見合わせると，その骨格が市街地の中に埋没する形で残っていることが確認される。こうした伝統的な水と緑のネットワークについて，拝みと禁忌意識で継承されてきたものが現代の法律の中でどのように変遷してきたのか整理を行う。

沖縄の集落では，地質によって集落形態が若干異なる。表流水を形成する国頭マージ土壌に立地する山原型の集落と，表流水を形成しない石灰岩台地に立地する中南部型集落である。石灰岩台地上では，水は地下に浸透するため，集落の生存基盤である水は，集落背後の斜面（石灰岩堤等）が水源涵養林的な役割をなし，その斜面下からしみ出してくる水を取水する横井戸を基軸として集落が展開している。水源涵養林となる集落背部の山は，御嶽と呼ばれ，そこには骨神（フニシン）という昔の集落の開祖の人の骨が埋まっている場所があり，一帯が拝所林として，いわば先祖崇拝と自然崇拝が渾然一体となった形で，保全されてきたというのがこれまでの調査や研究で一致している空間構造である。

2．御嶽及び腰当森（クサティムイ）の禁忌意識

各集落の自治会長世代への聞き取りによると，この御嶽や腰当森に関しては，木を伐採することはもちろん，管理のための下枝刈りというのも年に1回，旧暦の七夕のときに拝みをして切る以外は行ってはならないという禁忌がある［小野・清水 2010］。それを子供に伝えるために，「立ち入るとキツネなどにばかされる」とか，「ここで悪さをすると親戚，親族の中に気がふれる人が出てくる」といったような少し怖い話に形を変えて緑地保全のルールが継承されていた。さらに年長の80代ぐらいの人に聞くと，戦前の姥捨山のような場所が腰当森のさらに北側にあり，そこで

は「本当に捨てられたおばあさんが暮らしていたりした」という話があり,「怖い場所」が実体験を伴いながら,不文律の下で保全・継承がなされてきた。そのため,腰当森は日常的な燃料利用としての里山機能的な区域とは明確に独立して分離していた。当時「カヤモー（萱毛）」と呼ばれる萱場が利用されていて,立地も腰当森とは全く異なり,集落の西端や南側にあった。

3．井戸等水環境にまつわる法制度

集落空間が有していたにも関わらず,戦後の広域的な社会基盤インフラ整備の中で利用の実態が失われたものとして水が挙げられる。井戸等を主とする沖縄の水場は,琉球王府時代は村内法で「水場を汚さないように利用する」旨が規定されている。つまり,こちらは成文法体系で保全・継承されていたが,明治36年(1903年)の旧慣温存策の廃止によって断絶してしまった。

4．集落内での維持管理及び継承に向けた仕組みとしての年中祭祀

著者の行ってきた本島中南部の各集落でのヒアリングによると,腰当森や井戸といった水や緑の環境は,集落の年中祭祀の中でノロが拝みを行う場所であり,中南部では各門中の代表がこの拝みに同行することで場所が認識され,先祖から子孫へと継承されてきた。戦前戦後ぐらいに子ども時代を過ごした世代は食事情が厳しかったため,拝みの行事の際の「ビンシー」という御馳走を詰めたお重の振る舞いを食べたり,お菓子を振る舞われるのがうれしくて,拝み行事の後ろからついていったそうである。こうした集落の年中祭祀を通じて大人達の行動を見ながら,集落の中での聖域について体験を通じて学んでいく場が少なくとも1960

〜70年代くらいまではあったという。

第3節　禁忌意識の形骸化と景観の変化

　著者が糸満市の集落で行った調査であるが，戦前を知る世代と戦後の世代と今の世代の親として80歳代，60歳代，40歳代ほどの方々に集落の地図を見せながら「入ってはいけない場所」を聞き取るなり，集落の地図に書いてもらうなりすると，その場所が若い世代になる毎にかなり数が減っていたり，エリアが縮んできたりというような傾向がみられた。

1．土地所有面での現代法への移行課題

　集落に存在する腰当森や井戸は，そのほとんどが共有地として管理されてきたため，個人名義の土地ではなく，登記上の位置づけが明確ではなかった。現代法に移行する中で，これらの共有地を自治会長や役員，門中代表などの名前の共有名義で登記されていたのだが，これが結局役員交代のときに名義変更することを忘れたり，長年放置されていたりした事例が少なからずあり，結果として現時点での相続関係がかなり複雑になってしまっている。認可地縁団体制度が創設されてこの問題に対処が施されるのだが，この認可地縁団体の一つの問題点としては，正当な理由がない限り区域に住所を置く個人の加入を拒んではいけない，という地方自治法上の規定があるため，沖縄の場合，例えば軍用地として集落の中の共有地を取られたような集落というのは，毎年集落共有財産として入ってくる軍用地料を新規住民に分配する事への反対があり，組織化が難しかった。つまり，自治会を作ってそれを認可地縁団体としてその共有地を所有すると，新規住民を排除

することができなくなるので，組織化の中で難しい地域があった。

2．集落祭祀の廃止・簡素化と共有地管理の形骸化

この間，集落祭祀も形骸化の一途をたどった。集落へのヒアリングでは「結局神様は戦争のとき守ってくれなかった」というような話が聞かれた。集落における年間祭祀の数自体も近代化の中で減少していった［小堀ほか 2005］。また，戦後豊かになり，お菓子をもらうために子供もついていかなくなって，大人の行動から自ずと学ぶ機会も減ってしまった。このような経緯を経て，自然祭祀と先祖祭祀が一体となった御嶽等に対する恐れの意識のようなものが現代の生活の中で断絶していく過程が，中南部の複数の集落で確認された。水場や萱場に関しては，やはり広域的なインフラ整備による実利的な利用離れが共有地管理において形骸化を促した様子が伺えた。

第4節　現代の法制上の位置づけの差異と保全の方策

前述の状況の中で，それぞれの集落の共有地がどのように変わったかについて都市計画法に規定される「市街化区域」に埋没した集落，「市街化調整区域」に立地する集落，「都市計画区域外」に立地する集落のそれぞれの事例に即して，現状と課題を整理したい。また景観法の制定により生じた可能性についても言及したい。

1．市街化区域内の腰当森の変化

沖縄の場合，昭和47年（1972年）に本土に復帰するのにあわせて，昭和30年代後半（1960年代）から本土法に合わせるため

写真 3-1　那覇市森山公園内拝所空間

の制度改変や本土法との擦り合わせがなされてきた。公園緑地行政では、昭和30年代後半までの戦後の急速な市街化により一定程度の広さを有する残存緑地がすでに腰当森や水場、墓地等の共有地しか無かった。これらは住民が「こんなところ売っちゃいけない」、「残さなくちゃいけない」というような意識で売却されたり開発されたりせずに残された所である。那覇の地域の人の言葉で「シジラカサン」といって「世知高い」と呼ばれる場所がある。地域の共有意識の中で、恐れ多い場所だから、家を建てたりなんてとんでもない、というような意味合いで使われている。このような禁忌意識により開発しなかったような場所にしかまとまった緑地が残っておらず、そういったところが都市公園として指定されてしまった。そのため那覇市には、緑ヶ丘公園、希望ヶ丘公園、城岳公園、森山公園等、丘陵上の公園には必ず拝み場所や墓地がある。この丘陵上の公園というのは、防犯の観点でも周辺市街地から目が行き届かないため、環境防犯設計上もあまり望ましくないのではあるが、そうした場所しか指定できなかった経緯がある。さらに、都市公園法のなかでは、公園の中に設置できる施設についての規定があり、宗教施設は設置できない事となっている。公園の中にある御嶽が、この都市公園法の宗教施設に当たるのかどうかは、基礎自治体の担当課の解釈次第で、公園整備の中での残

写真 3-2　各集落の解釈により整備の方針が異なった市街地の御嶽空間

され方にも大きな差が生じてきている。写真 3-1 は那覇市森山公園の中の一部であるが，「何もないことの眩暈」という岡本太郎氏の有名な言葉に評されるような，本当に小さな香炉が林の中にある場所だが，こうした御嶽が存在する腰当森を公園事業区域の中で存続させていく事は，都市公園法を杓子定規に運用した場合，困難であると言わざるを得ない。

　景観として変化のパターンを類型化すると，香炉を取り囲む祠のようなものが巨大化したり逆に小さくなったりしながら，周囲の樹々から切り離された香炉だけが取り残され，「○○香炉，△△香炉」と香炉の名称が付され，香炉があたかも拝み対象であるかのように空間が変質してしまう（写真 3-2）。

　戦前の香炉は祈りにおいて自然界と人間界をつなぐ一つの媒体であったのにも関わらず，周囲の緑地部分が全部切り取られて香炉だけが移設されて公園の中に忽然と設置されてしまっている。行政部署の対応にも課題があり，例えば那覇市では文化財課の位置付けとしては「開発調整マップ」というのがあって，市内にある文化財等が掲載された地図があり，開発事業がマップ上に記載される文化財的な遺跡なり構造物なりで行われる場合は，文化財課との事前協議が必要になる。この保全のための手続きで１回改変が担保される形になるのだが，実際には御嶽部分は丘陵上部で敵陣を見渡せるという防衛上の観点から，戦時中に御嶽丘陵上を

整地して砲台を置いたり日本軍の作戦拠点となったりした所が少なからずある。那覇市内の森山公園や城岳公園もそれに該当する。そのため、戦前までの伝統的な形を残していないということで文化財にはできない、指定できないため開発調整に当たれないというジレンマがある。また、腰当森は背後の緑地と一体となった山拝みの形態であるため、どこまでが「その範囲」なのかを示す事も現実的には難しい。実際に、都市公園を整備する部署と本質的な協議をした事例はないとのことであった。また、那覇市の場合は都市公園法を厳密に運用解釈しており、公園施設の中に宗教施設を置けないということで都市公園区域から、「都市公園区域内には入れているものの、都市公園の整備区域からは外している」というような苦肉の運用をしている[3]。那覇市の解釈と運用では、拝まれている以上宗教施設であるので、構造的なものも含めて残せない、周囲の緑地もできるかぎり限定的に公園の事業区域から外すということがされている。写真3-3が都市公園の中の例となるが、戦前の林の中に鎮座する小さな香炉であったものを、都市公園法との関係で、軒下線引きのように「限定的に」都市公園の整備区域から外して都市公園法の中で運用しているという形になってしまう。そのため、緑地と一体となった拝みの場という場のしつらえ、自然崇拝と先祖崇拝が渾然と融合する拝所空間は全く改変されてしまっている。

2．市街化調整区域内の腰当森の変化

それでは市街化調整区域の場合についてみてみよう。調整区域での開発を10年分ぐらいの累積でみると、那覇市の南東に隣接する南風原町が調整区域面積当たりのヘクタールでいうと一番大きいので、そちらを紹介したい。南風原町では、町民の参加の下

写真 3-3　都市公園の中で局所的に保全された御嶽空間

で策定される都市計画の方針である都市マスタープランを作成しており，都市マスタープランの中では集落の腰当森は「クサティムイ」として保全すべき緑地として方針が示されている。しかし，実際に調整区域の開発動向を整理すると住居系を中心として，腰当森であったところが蚕食的に開発されており，マスタープラン上で開発を規制し保全すべきとする計画方針と開発の規制誘導の実態が合致していない。その理由について法制度的に整理すると，調整区域の場合は都市計画法に関わる政令でも，例えば自然地の中で良好とされる樹林地，「高さが 5 メートル以上でかつ面積が 300 平米以上の樹林地に関しては保全を配慮する」ということが規定されているのだが，沖縄の中南部の琉球石灰岩台地では土地の条件が悪いのか，自然条件の中で高さが 5 メートル以上で面積が 300 平米以上になる樹林地の形成があまりみられない。台風による倒木や枝折れという要因も考えられるが，樹木の樹高や密度が低く，山原のような樹林地が形成されない。そのため，政令で指定される保全すべき樹林地が形成されにくく，現在の法体系の中では調整区域の中での保全ができない。さらに，開発指導の運用上の課題もあり，沖縄県の南部土木事務所に確認すると，良好なため保全すべきとされる樹林地に関しての基本地図が作成され

ていないことがわかった。基本地図が作成されていない限りは,もう全く保全ができないということである。この南風原町の場合では,都市マスタープランで住民参加のもと地域の緑地として腰当森が位置づけられているものの,それを開発許可等の運用で担保する事が出来ないという一貫性を欠いた状況になっている。

3．景観法の制定による今後の拝所林保全の可能性

2005年に施行された景観法との関係で整理すると,調整区域であっても市街化区域であってもまた都市計画区域外であっても,「景観重要樹木」の指定により制度上は保全ができる。全国の運用では,例えば地域のシンボル的な樹木を独自に指定したり,対象となる樹木の樹高目安等を基準化したりして,運用しているケースもある。しかし,実際には現状変更をする場合に景観行政団体の長の許可が必要となることから民有地内での指定がほとんど難しい,特に面的には難しいという状況にある。

沖縄の場合でこれを考えると,市街化調整区域内の集落の共有地の指定というのはほぼ難しい。ただ市街化区域内の公園に関しては,都市公園の入っている部分に関しては,その歴史性を配慮して指定していくことは可能である。結局,現在都市公園法の中でかなり狭義の運用がされていることから,拝みのひとつの場であった「香炉」だけが残っている御嶽を,周囲の樹林を含めて一体のものという解釈を都市公園の中で入れ,今後の公園改修等で樹木が伐採されるのを防ぐために,景観重要樹木として指定し保全する事は可能になると考えられる。

4．水をめぐる保全と景観

水をめぐる景観としては,これは当時都市計画区域外で,現在

表 3-1　垣花の水やエネルギー，周辺開発に関する歴史略歴（2006 年, 2014 年ヒアリング及び垣花構造改善センター落成記念誌より著者作成）

明治12年	1879	字垣花人口　445名　世帯数107
明治43年	1910	チィガー（井戸）を2か所掘る（エイタイジョウ、イリジョウグラ）
昭和6年	1931	区内3か所にクムイ（池）を掘る（トムンジョウ、イリマチョー、ナカマチョー）
昭和21年	1946	ミズアゲより区内に水道を引く　（仲前平良後のタンク）
昭和28年	1953	2月8日（落成記念）住居のある地域5か所にGMCモーターで水を送水した
昭和31年	1956	和名川（垣花樋川）よりGMCモーターで構造改善センター用地にあった貯水タンク「和榮泉」に飲料水を送水する。(3か月後ヤンマーエンジンへ交換する。その後電動モーターによって自動化された)
昭和37年	1962	2月 電気点灯、「さようならランプ生活」
昭和50年	1945	隣接する字佐敷の丘陵上に宅地開発「つきしろのさと」がなされる（昭和54年に「つきしろ」が行政区となる）。のちに南部東道路つきしろIC周辺地区となる。
昭和51年	1976	昔の井戸跡（チィガー）復元御願所完成（エイタイジョウ、イリジョウグラ）
昭和52年	1977	7月21日　琉球ゴルフ倶楽部開場
昭和60年	1985	7月22日　垣花樋川が環境庁全国名水百選に選定　字人口425名
昭和60年 -平成5年	1985- 1993	県営畑地帯総合土地改良事業志喜屋地区（1工区垣花、2工区志喜屋・山里、3工区知念）垣花工区は平成2年完了
平成10年	1998	垣花下水道工事着工（平成13年6月一部供用開始）

(2006年、2014年ヒアリング及び垣花構造改善センター落成誌に加筆し作成)

非線引き都市計画区域となる南城市，旧玉城村内での事例を紹介したい。平成18年（2006年）に区長にヒアリングを実施したところ，飲用水として使っているのは垣花の集落だけであった[4]。

実際に垣花集落の水やエネルギーと周辺開発に関する歴史を紹介したい（表3-1）。垣花集落は集落居住域から20〜30メートルぐらい下がったところに垣花樋川という，沖縄では大変に有名な井戸を有する石灰岩台地上の集落である。戦前までは台地上の居住域と井戸を行き来しながら水を汲んでいたので，「嫁に行くとすごく大変」という言い伝えが残っていたり，その一方で戦前，戦後もしばらくはその水汲みをしていたので「もうこの旧玉城村内の字対抗運動会なんかをやると，垣花の集落の子たちは毎日この坂道を水運んでいるので全員が1等賞だった」というような逸話が残っているような集落である。そして戦後「やっぱり不便」とのことで，旧玉城村内で一番早く簡易水道を整備した。当初は，米軍払下げのGMモーターを使って台地上の居住域にポンプ

写真 3-4　昭和 31 年 2 月 8 日の落成記念写真（地元住民提供資料）

アップしていた。その落成記念碑と当時の写真が残っている（写真 3-4）。

　昭和 31 年（1956 年）の簡易水道整備により，生活が便利になった一方で，隣接する地域で開発が生じる。昭和 50 年（1975 年）佐敷町側で住居系開発「つきしろのさと」が生じた。続いて，昭和 52 年（1977 年）に琉球ゴルフクラブの開場のための整備が始まったのであるが，これは，当時都市計画区域外で開発が容易であった事や，昭和 47 年（1972 年）に本土復帰して，昭和 50 年に海洋博が開催されて，沖縄全体が観光地化していく中で空港に近い南部ではゴルフ場開発需要が高かった事を受けての事である。しかし，ゴルフ場には除草剤もまかれるため，地下水汚染を心配した住民により大規模な反対運動が起きた。図 3-2 は，垣花集落と周辺の標高及び開発の関係図である。

　区でも，水にマーカーを流してゴルフ場下の地下水系がどの方面に流れているかということまで独自に調査機関を使って行い，影響が無かったため運動が沈静化した。このような地下水保全を

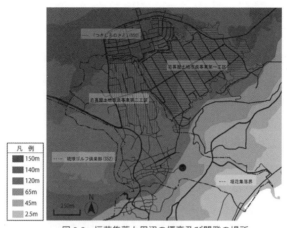

図 3-2　垣花集落と周辺の標高及び開発の場所

めぐる運動が展開される中，昭和 60 年（1985 年），全国の名水百選のうちさらに評価の高い 30 選に選ばれることとなった。

　次に起きた開発事業は農林水産省の土地改良事業で，昭和 60 年からまず隣の字志喜屋で始まった。土地改良事業は農村，農地の改良なので基本的には「農地を整地して大ブロックにしていくこと」と「農業用水を入れていくこと」なので，深さで言うと土壌面で 30 センチメートル程度の掘削で施工される。しかし，垣花及び志喜屋の一帯は，良質な琉球石灰岩が厚く堆積している場所で，石灰岩需要が強かったため，業者が 30 メートル分掘削してしまって，そこに全然関係ない土を入れて整地する施工が行われた。地元の人によればこの土地改良事業によって，志喜屋方面の井戸が一斉に枯れたという。その経緯から，垣花集落にとっては簡易水道の水源である垣花樋川を保全するために絶対に石灰石を採掘させないということで「30 センチメートル以上は掘らない」，「石灰石を掘削してはいけない」という申入れを工事着手前

に業者に申し入れたそうだ。さらに、この地域の人も入れ替わり立ち代わり土地改良事業の現場に見張りに立ち、掘り起こされないようにしたそうだ。こうした地元の努力により、旧玉城村内でも今でも水が枯れずに井戸が機能している。実際に平成26年(2014年)に調査した図だが、今でも県の水道と簡易水道の両方が使われている世帯が少なからずある[5] (図3-3)。

簡易水道の方が県の上水道と比較して利用料金が低いため、現在でも人気があるそうである。ヒアリングによると、課金および徴収のシステムは、集落の書記が各家の検針を行い、使用量に応じた料金を自治会費と一緒に集金するシステムを取っており、その事務作業料として、書記に対して月4万円を支払う仕組みを取っている。比較的軽微な事務手数料で維持していることもあり、整備後の累計で5,000万円の運用黒字が出て、その資金でモーターを更新したそうで、小規模な地域のインフラ整備としてはかなり成功している事例である。自治会加入率も非常に高く、コミュニティとして人が顔を合わせる単位と環境の単位が合致しているからこそ生み出される環境保全活動及び意識の堅密さを具現する意義深い事例である。しかし、しばらくは県とは軋轢があった。自治会で総会を開くたびに県から担当者が来て、「せっかく県が整備したので上水道を使いなさい」というのを説明していったらしい。興味深いのは、全国名水百選に選ばれて以降、県の担当者から上水道を使うように促す指導が入らなくなったという事である。全国名水百選に指定されて観光客が訪れ、有名になることによって今後も継続した維持管理が求められるようになるが、集落で簡易水道が使われなくなれば住民による自主管理が難しくなるためである。

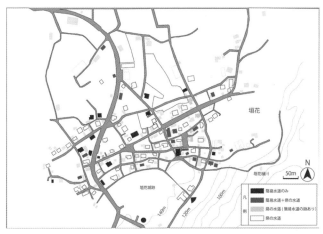

図 3-3 垣花集落の簡易水道の利用状況（2014 年度現地調査）

第5節　景観法制定後の沖縄の伝統的集落における景観保全のあり方

　総括すると，景観法の指定によりこれまで都市計画法や文化財保護法では保全対象とならなかった生活景についても取り扱うことができるようになったことは，戦渦等により価値が損なわれ，指定できない文化財資源が多い沖縄にとっては意義が大きいのではないかと考えられる。特に都市公園区域内の「景観重要樹木」指定は公園改修計画に左右されることなく担保されるので可能性はある。けれども民有地の場合は開発意向があるところでは指定が難しい。その一方で同じく民有地であっても，集落住民が現在も利活用している資源についてはこの景観資源，名水百選等の指定による効果によって既存のものの保全の意欲が高まるなどの効果が出てきている。現在，利活用されていないものの保全のため

沖縄の伝統的集落における生活景と開発　　65

の規制としては運用が難しいものの，利活用されているものを，さらに観光対象として広く知らしめ，集落の中で再発見される中で価値が醸成される効果があるのではないかという事が事例を通じて提言できる。

注
1) 祖霊信仰と祖先信仰は本質的には同じと考えられるが，現在のような位牌や門柱組織にみられる拝み現象は17世紀以降の儒教の影響を受けたものである。
2) 『宜野湾市史 第五巻資料編四 民俗』によると，沖縄の人々が信仰している神の性格的なものは仲原善忠の「セヂ」説が有力であるという。宜野湾市史によると「おもろによると，神の性格の中心となるものは杜や嶽・巫女・石・動物の類ではなく，セヂという非人格的な霊力が圧倒的である」とされ，セヂは形を持たないものであるが，それら有形のものに憑くとそのものが霊力を持つとされていた。
3) 他方，浦添市と宜野湾市はもう少し柔軟な運用をしており，歴史的な経緯をもつので周囲の緑地を含めて都市公園の中の御嶽はなるべくそのまま残している。
4) その他は農業用水や雑用水・体験学習の場としての利用である。
5) 簡易水道と県の水道のメーターが二つあり，調査時にメーターが動いていることが確認できた場所を示している。

参考文献
小野尋子・清水肇（2010）「沖縄本島南部島尻地域の石灰岩地域における伝統的な集落構造と開発の傾向：糸満市集落の腰当森を中心にして」『日本建築学会学術講演梗概集. E-2, 建築計画II, 住居・住宅地，農村計画，教育』，495-496頁。

小野尋子・清水肇・池田孝之（2007）「戦後沖縄集落の地元及び設計者によって表現された御嶽の研究：沖縄県那覇市旧小禄村地区の御嶽の設計協議過程と設計空間を事例として」『日本建築学会学術講演梗概集. F-1, 都市計画，建築経済・住宅問題』，1035-1038頁。

宜野湾市史編集委員会［編］（1985）『宜野湾市史　第五巻資料編四・民俗』宜野湾市教育委員会。

小堀智美・池田孝之・小野尋子（2005）「軍用地接収が集落のコミュニティに与える影響：読谷村楚辺地区・波平地区の年中行事と自治組織を中心として」『日本建築学会学術講演梗概集. F-1, 都市計画, 建築経済・住宅問題』, 737-738 頁。

> なかゆくい

「沖縄らしさ」の前で立ちすくむ―観光振興にゆれる島の景観―

観光は目的事前設定型の行動といわれています。多くの観光客は，観光地に実際に来る前に，大量に発信される観光地のコピーによって観光先の景色や風物を疑似体験しながら行き先を取捨選択し，自分自身の観光計画を決めて訪れます。そして旅はそれら事前の疑似体験の追体験として展開されます。

デジタルカメラの普及で写真現像のコストが大幅に削減された，携帯電話に写真撮影機能がついて画像が容易に撮影されるようになった，インターネットの技術が発達し誰もがブログや SNS 等を通じて画像を発信していく事が容易になった，こうした時代の変化とともに，景観を切り取る行為は限りなく軽く，瞬時に行われ，不特定多数に共有されて消費されています。

世界的に共通する観光地の宿命ではありますが，わかりやすい一断面として商業的に発信された観光地の最も観光地らしい風景は，消費者である旅行者によって再度大量に画像として切り取られ，さらなる拡散をするために，ある局面のみが礼賛され，画一的なひとつの方向性に景観が誘導される事があります。こうした景観形成のための制度づくりは，地元沖縄の行政なり市民なりが主体で定められていくのですが，それにも関わらず，地元沖縄の人でさえ，メディアからの情報や，大量のコピーによって「沖縄らしさ」，もっと言えばその「地域らしさ」を目の前の風景からではなく，また日常の生活行動からでもなく，何か概念的に理想状態として捉え外から与えられたものを内在化し具現化してしまいます。「沖縄らしさ」という言葉の下に，本来の地域が持っていた多元文化的な形成過程，地域の歴史の重層性に裏付けられた多様性を喪失してしまいかねません。

私は，地域の気候風土，生活の様式や習俗に裏付けられた，実用的な美しさを有するもの，外に向けて発信するためのものではないために一見目立たないけれども大切に受け継がれてきたもの，こうした資源が織りなす地域の景観を再度捉え直し現代の生活の中でどう捉えるかが重要だと考えています。不文律な言い伝えや慣習法の中で守られてきた沖縄の集落空間の共有地を現在の生活に即した形でどう保全していくか，また適合するようであれば現代の法体系の中の保全の仕組みにどう組み込むか，そうした取り組みが必要とされていると考えています。

減災機能に備えるランドスケープ・デザイン学
—東アジアの風水林の視点から—

陳 碧霞

　本章[1]は「文化的景観」と「レジリエンス」の2つのアプローチから，自然災害と共存しながら島嶼型自然と調和しているランドスケープ・デザインモデルについて述べる。東アジア地域において，風水の思想に基づいて作りあげられたランドスケープは，まさに自然災害を防ぐための景観であると考えられる。古来より，周囲の自然環境を読み，判断し，さらに欠けている部分を植林などで補うという手法を使用し，より理想的な住居環境を追及するために風水が利用されてきた。琉球王朝時代から造成されてきた沖縄の屋敷林や海岸防潮林は島社会に適合しており，自然災害に強い集落景観デザインであることから，再評価されるべきである。

第1節　序論

1．問題意識：防災（レジリエンス）ランドスケープ学の提唱

　日本社会は，東日本大震災をはじめとするさまざまな自然災害に見舞われてきた。それらの自然災害の被害を軽減するために，土木・建築・理工学などの分野を中心に研究が行われてきたが，ランドスケープレベルでの学際的総合研究はまだ少ない。しかし，海岸林には高潮や津波に対する減災効果があることが認識されて

いる。例として，津波エネルギーの減衰効果や漂流物の捕捉効果の研究が挙げられる［坂本・野口 2012］。したがって，海岸林の分布，植生構造とその防災機能の関連について検討する必要がある。特に，沖縄の自然地理は日本本土と異なり，海岸林の防災機能の研究はまだ極めて少ないのが現状である。

　沖縄は平坦で面積の小さい島々で構成され，頻繁に台風・高潮・津波などの自然災害の被害を受けている。特に，明和の大津波（1771 年）の襲来の際には，石垣島にある蔵元，寺，御嶽や家屋が流されたばかりでなく，役人から農民まで多くの人が津波に流されて命を落とした。本章では，長年にわたって自然災害と共存している先人の知恵がどこにあるのかという関心を発端として，沖縄で琉球王朝時代から造成されてきた屋敷林や海岸防潮林を取り上げ，自然災害に強い海岸林を明らかにし，景観生態学の視点からより自然災害に強い集落景観づくりモデルとは何かを検討する。

2．先行研究及び研究目的

　沖縄県の集落内に見られるフクギ屋敷林は防風，防潮機能が優れていること［安藤・小野 2007；安藤ほか 2010］，また日照緩和の微環境調整機能があることが報告されている。沖縄本島や渡名喜島では，津波が来たとき，近くのフクギの樹に登って助かったことがあることが聞き取り調査で判明している［加藤ほか 2004］。ただし，フクギ屋敷林と津波の関連に関しては不明な点が多いのも事実である。

　文献データベースを基に，人文・歴史分野の視点から，沖縄の自然災害史をまとめた研究がある［高良 2008］が，災害の全般的な発生状況は把握されているが，自然災害への対策に関する考察

には至っていない。

　フクギは，沖縄の伝統集落景観を構成する主林木である。奄美群島から八重山諸島までの広い範囲に分布し [Chen and Nakama 2011]，そのほとんどが琉球王朝時代から屋敷林や海岸防潮林として活用され，計画的に植えられた [Chen 2008]。このフクギの景観は，家の改築，および近年の無計画な土地整理事業でほとんど消滅し，現在では，本部町の備瀬，今帰仁村の今泊，渡名喜島，先島諸島の波照間島，多良間島などでその面影を見るのみである。

　琉球王朝時代から造成されてきた屋敷林や海岸防潮林は，琉球列島における防災機能に優れた伝統的景観である。本章では沖縄県における屋敷林や海岸林景観形成の文化歴史的な背景を述べ，さらに，その集落と共生している森林景観の植生構造を分析し，琉球列島のランドスケープの特徴を明らかにすることを目的とする。

第2節　東アジアの風水景観及び風水林

　風水は古代中国に発し，アジアの広い地域に影響を及ぼした，独特の環境判断，環境影響評価法，相地卜宅[2]の方法論の総称である [渡邊 2001]。「風水の法」は「水を得ることを上とし，風を蔵することこれに次ぐ」(蔵風得水) と解釈されている [村山 1931；崔 1997]。すなわち，環境を整えることによって，地気の好影響を確保する方法論である。

　風水は大きく「理気派」「形式派」に分かれている。「形式派」説による理想的住居環境モデルは，図4-1, 2のスケッチに示している。理想的な風水景観とは，周囲を囲む山々があり，住居地と前方の丘の間に緩やかな渓流があるのが望ましい。周辺の山々で

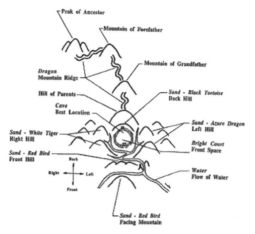

図 4-1 住居風水風景の理想的モデル図
Source: Yu (1998)

はそれぞれの風水的な名称がある。後方に「玄武」,左に「青竜」,右に「白虎」,前方に「朱雀」である。

風水論の中では,豊かな緑は良い風水のための一つの重要な基準であり,樹木が茂った環境は風水的に良い景観であると述べられる [例えば,関 2002]。「蔵風得水」は風水法の最終目標でもあるように,樹木・森林は「生気」[3] の源であると信じられている。風水林の伐採は住民の幸運を阻害することになってしまうため,風水林は大切に保全しなければならない。韓国においては,風水樹は風水景観の欠陥を修復し,気を増強する機能があることが,澁谷(2003)及び Whang and Lee(2006)によって報告されている。

関 (2002) は中国の古文書を用いて,図 4-3 のようなタイプに風水林を分類した。ここでは,本章の内容と関連がある集落風水林だけを取り上げる。集落の中及びその周辺であれば,集落後部の山の斜面にある「龍座林」,集落の出入口にある「水口林」,集

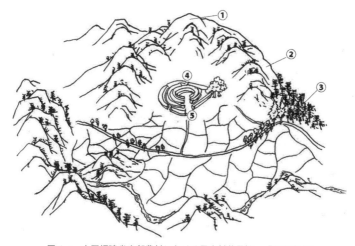

図 4-2　中国福建省南部農村における風水村落景観―『背山臨水』
①灶山　②灶山尾　③皮定軍墓（墓地）　④円楼（昔の集団住宅）　⑤円楼門（集団住宅の入口）　ソース：2003年春の調査ノートより

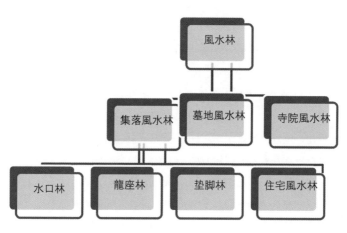

図 4-3　場所によって分類される風水林　ソース：関（2002）

減災機能に備えるランドスケープ・デザイン学

落前の河川渓流などの水辺にある林「墊脚林」,「住宅風水林」と四つのタイプがある。

しかし,実際には多様な風水林があるとの報告も多い[Coggins 2003;許ほか 2012]。Coggins(2003)は,中国南部の自然保護区の調査で,福建省の山岳地帯北部村の周りに風水林がよく見られると報告した。Coggins(p. 202)は梅花山自然保護区の中の風水林の最も一般的な4つのタイプとして,水頭林(Headwater forest, C. shui tou),水口林(Water Gate forest, C. shui kou),風口林(Windgap forest, C. feng kou),山谷林(mountain-cleft forest, C. shan ao),そして村の周辺の山斜面にある風水林と,当地の言葉でまとめた。

中国の南部に接している香港では,風水林は一般的な存在である。図4-4のように,集落の後方には風水林と呼ばれる自然林に近い林がある。

Venturing Fung Shui Woods(Yip et al. 2004)によって,香港新界には 600 m^2 〜 6 ha の面積を持つ約 116 か所の風水林が記録された。その中の約 80％は 100 m 以下の低地に位置している。

筆者は 2006 年 10 月に梅子林(Mui Tsz Lam)と社山(She Shan)村の後方の風水林を訪れた。社山村は,香港で最も古い客家村の一つである。1700 年頃に陳氏という名前の兄弟によって現在の位置に集落が作られた。若い住民のほとんどが英国に移住したと言われる。在住の村人は昔から,下層の小さい木を伐採して薪に使っていたが,今でも定期的に下層の草木に手を入れる。社山風水林の入り口には約 400 年あまりの楠の「神木」がある。近くの村の後方には,ほとんど自然林に近い風水林がある。

新界では,数百年前に中国南部からの開拓者によって集落が作られた。彼らは山の斜面に家を作り,後方の自然林を保全して,

図 4-4　香港の新界における集落。後方に林がある
Source: Yip et al. (2004) in *Venturing Fung Shui Woods*

そこにバナナ，ライチ，竜眼などの果物や有用植物を植えた。または，常緑のガジュマル，楠などを大木になるまで育てた。

　要するに，中国の風水林は面積のサイズに関わらず，風水的に重要な場所にある自然林か人工林を指している。これらの風水林は「生気」を増やし，より良い風水環境を作るためのものである。風水林は「生気」を発することができるだけでなく，悪い気の「邪気」を撥ねることもできる。写真 4-1 のような集落の前にはスズカケノキ林帯が植えられていた。現地の住民によると，この小さな山村は山に囲まれているが，東方面の山が低く，もしこのスズカケノキ林帯がなければ，特に春，寒い強風が集落の中に吹き込んでしまう。つまり，スズカケノキ林帯が強風から集落を守り，生活しやすい環境を作るともいえるだろう。

　香港のような集落後部の風水林（図 4-4）は，中国の南部ではよく見られる。日本の「里山」のような存在だろうか。昔の農村社会の生産・生活の自然の宝庫だろうか。最近の森林の多面的機能でいえば，中国，香港地区の風水林は山崩れ防止，水害防止，

土砂災害防止など自然災害を防いだり軽減したりする機能を持っているだろうか。

第3節　琉球風水景観の成立

1．歴史文化の背景

　風水は14世紀末に福建省からの閩人(びんじん)の移民とともに琉球に導入されたといわれている。それは閩人の住む久米村からはじまって，琉球における生活の各面に広がっていった［都築 1990］。風水は，1730年代以降，蔡温というすぐれた政治家によって，琉球王国内での住宅，集落，墓地，国都などの造成から，山林の管理までの広い範囲にわたって応用されていった［町田・都築 1993］。

　蔡温は，琉球王国の風水景観の形成および発展において，重要な役割を担った。Smits（1999）は，王国のイデオロギー，施設，政治，文化および造林や河川の改修などに関する，蔡温の改革の系統的な研究を行っている。蔡温は約2年間中国の福州に滞在し，中国の隠者から風水について学んでいる。『球陽』の記録によれば，蔡温は，1713年に毛文哲とともに首里城の風水鑑定をおこなっている。蔡温らは北西の城間地方が荒廃していたため，その地形を改善するためにリュウキュウマツの木を含む植林を提案している［島尻 1990］。風水の望ましい景観や生きているエネルギーを保存するために，蔡温は植林の重要性を強調しているのである［都築 1997；Nakama and Koki 2002］。

　蔡温は，林学の分野で偉大な貢献を果たしている。彼は「山林真秘」の中で，山地の斜面と森林成長の関係について論じている。また山地の形状が「山気」を集めることにより，森林成長を促進するのを助けると述べている。植林の仕方としては，魚鱗形によ

写真4-1　中国江西省石城村の住居群前方にあるスズカケノキ樹林帯
石城村の東に欠けているところから吹き込む強風から守るために、約200年前に植え付けたと言われている（2005年3月、筆者による調査）

る植林法を推奨している［仲間2002］。

2．風水集落

　伝統的な集落景観は，風水師の指導の下で計画され造成された。風水集落の道は碁盤型に設計されている。道路で区画された敷地内に家屋は作られる。これは農地の地割制（定期的に土地を割り変えること）と関連していて，1737年以前は，そのような碁盤型に設計された集落はみられない［仲松1977］。仲松によると，琉球諸島には約180の碁盤型に設計された集落が存在していたという。それらの大部分は，海岸域の砂質堆積地に集中している。

　集落景観を改善するために，風水地理が応用されている。たとえば，1857年，風水師が沖縄本島北部の2つの村（真喜屋と稲嶺）の風水鑑定を行っている。1864年には，波照間島と与那国島を除く八重山諸島における集落の風水鑑定が実施されている。真喜

屋と稲嶺の事例では，風水師がフクギの植栽や道路にはみだしている枝の切り取り，風水所にかかる畑地内への植林などのアドバイスをしている［玉木 1990］。

「抱護」は沖縄の風水を考えるとき，非常に重要な概念である。抱護には家屋を取り囲む屋敷抱護，集落を取り囲む村抱護，複数の集落を取り囲む間切抱護，海浜域の浜抱護などがある［仲間 2002］。村抱護には主にリュウキュウマツやフクギが植えられている。屋敷抱護にもフクギが使われ，1〜2列並びで植えられている。

3．多良間島の風水的景観

筆者は琉球島嶼地域における風水景観・風水林の特徴を探るため，多良間島を事例として調査した。その理由の一つは，1742年に蔡温が当時の宮古島の頭だった白川氏恵通（しらかわうじけいこん）に命じて，多良間島で村抱護を造成させている歴史的事実があるからである［仲間 2003］。

村および浜抱護は第二次世界大戦の前までは，琉球列島において一般的に見られる光景であった。しかし，コンクリート製家屋が普及すると同時に，屋敷林などは伐採され消滅していった。琉球列島の中でも多良間島には，風水村落の村抱護が最もよく保存されている。その他の地域で屋敷林がよく保全されているところは，本部町の備瀬及び渡名喜島である。

写真 4-2 のように，集落の後方の丘（クサティムイ，腰当森）に，運城御嶽，泊御嶽，嶺間御嶽等多数の御嶽がある。村抱護のフクギ林帯は集落の南に造成され，両側にカーブ状に延長して北のやや高い丘に繋ぐような形となっている。そして，隣接する二つの集落はフクギ林帯と後方の丘が作られた円形に抱かれるような形

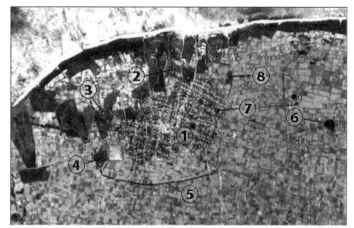

写真 4-2　多良間島集落景観のレイアウト
航空写真は 1945 年に米軍が撮ったものを使っている
①ブンミャー（旧番所）：ブンミャー（旧番所）は昔，ここにあった。そこは風水上，最高の立地（穴）であるとされた
②クサティムイ
③八重山遠見台：島で標高が最も高い場所で，琉球王朝時代に島の近海を通り抜ける船を見張るのに使われた
④トゥカパナ：仲筋部落の聖地
⑤ 抱護：林帯は集落の前方から後方の森にかけて，集落を囲むようにカーブを描いている
⑥塩川御嶽：神聖な場所で，5m 間隔で植えられたフクギの林帯が両側に伸びている
⑦ピトゥマタウガン：塩川部落の聖地で，毎年 8 月に盛大な祭り（8 月踊り）が開催される場所
⑧シュガーガー：鍾乳洞の湧き水のある神聖な場所

にみられる。これは，「抱護」の情がある琉球型風水集落景観の典型といえる。

4．林帯と集落が一体化している森林景観

　沖縄の島集落景観の一番の特徴は，樹林と集落が一体化されていることである。空中写真なら，各家の周りが林帯に囲まれているのがみえるが，集落の外からは家の姿がほとんど見えない状況

写真 4-3　多良間島の北にある丘（34m）から南に向け撮影

で，こんもりとした森に覆われているようにしか見えない。これら屋敷林帯は家が壊されても残されている。写真 4-3 のように，多良間島の丘の麓にある古い集落跡地では，現在もフクギの巨木が沢山ある。

　図 4-5 によると，フクギ屋敷林が巨木化し，樹齢 100 年以上のフクギを有する屋敷がほとんどである。樹齢 250 年の巨木を有する屋敷は塩川集落にある。しかし，フクギ巨木は全体的に集落の北側に多く分布していることを，図 4-5，6 が示している。南側や東側の集落外周ではフクギが少ないことが分かった。その理由は，恐らく，集落は最初は北側の丘の麓にあったが，次第に南側か集落の外周へ移動してきたからであると考えられる。

　多良間島の塩川集落，仲筋集落における御嶽等の拝所中のフクギ巨木を把握するため，胸高直径 25 cm（平田（2006）によると，推測樹齢約 100 年）のフクギを 2010 年 12 月に全部調査した結果を表 4-1, 2，図 4-7〜9 に示した。

　塩川集落，仲筋集落で，それぞれ約 1,089 本，1,591 本のフク

■ 最大フクギが樹齢 250 年以上の屋敷
■ 最大フクギが樹齢 200 年以上の屋敷
■ 最大フクギが樹齢 150 年以上の屋敷
□ 最大フクギが樹齢 100 年以上の屋敷

図 4-5 フクギ巨木分布図

注) 1/6000 の多良間村土地利用図を基に基に作ったもの。
破線の西側は仲筋集落，破線の東側は塩川集落。
楕円形の中の部分は旧部落の跡地と思われる。昔の住民は山の中に住んでおり，後に現在の平坦地に移動してきた。

減災機能に備えるランドスケープ・デザイン学

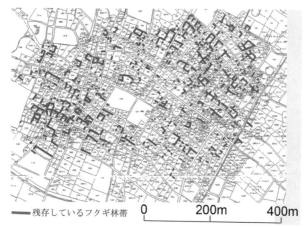

――残存しているフクギ林帯

図 4-6　多良間島における集落中の残存フクギ屋敷林帯

表 4-1　樹齢別の屋敷林及び村抱護中のフクギ本数

	樹齢別本数						樹齢最大値	平均樹高 (cm)	樹高最大値 (cm)	調査屋敷数
	総計	≧300年	250～299年	200～249年	150～199年	100～149年				
塩川	1,089	0	1	8	157	923	257	1,010	1,610	124
仲筋	1,591	0	1	17	240	1334	262	1030	―	160
村抱護	458	0	1	14	107	336	297	1,031	1,170	

表 4-2　御嶽等の拝所にあったフクギ

御嶽等拝所	総本数	樹高 (m)	DBH(cm)		推測樹齢	
			平均値	最大値	平均値	最大値
多良間神社	55	13.5	33	47.5	132	190
運城御嶽	75	11.3	36.7	68	146.8	272
泊御嶽	64	11.5	30.7	53	122.8	212
嶺間御嶽	15	10.2	35.6	66.5	142.4	266
ウブノイエ	11	7.7	37.7	67	150.8	268
普天間御嶽	2	12.6	31	30.4	124	121.6
ピトゥマタウガン	3	10.1	65	57	260	228
寺山ウガン	55	12.1	62.5	33.3	250	133.2
ンタバルウガン	37	15.5	53.2	35.7	212.8	142.8
塩川御嶽	342	9.5	35	77.7	140	310.8
嶺間御嶽	24	7.5	37.5	58.9	150	235.6
総計	683	10.2	34.8	77.7	139.2	310.8

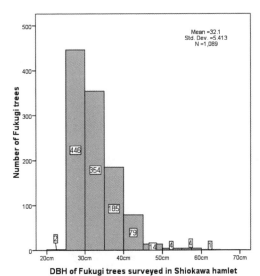

図 4-7 塩川集落中の屋敷フクギ林の DBH（胸高直径）別の分布図

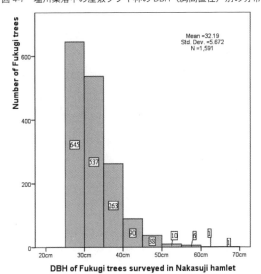

図 4-8 仲筋集落中の屋敷フクギ林の DBH（胸高直径）別の分布図

減災機能に備えるランドスケープ・デザイン学

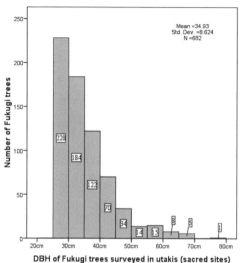
図 4-9 御嶽中のフクギ林の DBH（胸高直径）別の分布図

ギ巨木が見つかった。村抱護内で，約 458 本のフクギ巨木があった。

11 か所の拝所中には全部で約 683 本のフクギ巨木が見つかった。中でも塩川御嶽は最も多く，約 342 本のフクギ巨木があった。

第 4 節　結び

琉球列島における伝統的集落ランドスケープは自然と調和している島嶼型ランドスケープ・デザインといえる。中国由来の風水思想の「蔵風得水」の原則を沖縄の自然環境に順応させてきた琉球島嶼型ランドスケープは，複層の「抱護」があったのが特徴である。それは，フクギ，リュウキュウマツなどの林帯を造成することによって，亜熱帯モンスーン地域に属している小さな沖縄の

島社会を強烈な台風から守るためであったと考えられる。結果として，豊かな森に覆われている集落景観が出来ている。この景観の中に，さらに，住民の精神を支えている拝所が散在していることが分かった。

　中国大陸及び香港においては，村民が幸福を得るためには豊かな森の存在を良い風水の大事な要素と考えている。そのため，中国南部と香港では，風水樹か風水林が現在でもよく見つかる。特に山村集落では，背後の自然林を保全して村の入り口に植林し，「邪気」が入り込まないように工夫しているのがよく見られた。現在の森林を生態系サービス理論に置き換えると，それらの風水林は土砂崩れ，水害，強風等の自然災害を防ぐ防災機能を持っている。風水林の防災機能は，風水の最終目的である危険を避けて「幸せになる」ことと一致していると考えられる。

　琉球の島嶼型風水ランドスケープは，中国の風水林のある集落景観と似ているところがある。植林によって，集落および住民の生活と，厳しい自然環境とをうまくつなぎ合わせており，防災機能に優れ，島環境に適応したランドスケープ・デザインとなっている。

　本章は，現在の「文化的景観学」と「レジリエンス」「生態系サービス」などのアプローチから沖縄の集落ランドスケープを考えようという提案であるが，より詳細な検証を行う必要がある。約300年前，沖縄で作り上げられた抱護のある風水的な景観は，当時の農業生活にとっては重要であったが，現代ではその価値が薄れてきており，現代的な存在意義を考えなければいけない。またその保全も厳しい課題となってきた。これら屋敷林，海岸林の防災機能についての実証的な研究は今後の研究課題である。

謝辞

　本章の執筆にあたり，丁寧なご指導をいただいた琉球大学名誉教授仲間勇栄先生に深く感謝いたします。また，フクギの調査の際にご協力いただいた琉球大学農学部林業政策学研究室の多数の既卒学部生，院生に深く感謝申し上げます。

注
1) 本文のデータの一部は著書の Chen, B. and Y. Nakama (2012) *Traditional Rural Landscapes in Island Topography in East Asia*, 論文の陳・仲間 (2009)『沖縄の村落風水景観に関する植生学的研究―多良間島を事例として―』及び Chen et al. (2014) Planted Forest and Diverse Cultures in Ecological Village Planning: A Case Study in Tarama Island, Okinawa Prefecture, Japan からの抜粋である。
2) 「相地卜宅」については、何 (1990) の解釈を日本語に訳する。「相地」とは周りの自然の山、水、樹木等のすべてを考察した上で、土地を測量して建築位置、建築方位を決めることである。「卜宅」とは、住いを作る前に占卜（うらない）することである。住いを作る時間及びその場所、範囲を占いで決めることである。
3) 「生気」とはエネルギーの意味で、中国の風水理論では人間の幸せになるための元である。

参考文献

安藤徹哉・小野啓子 (2007)「沖縄本島中北部における集落生活空間の変化に関する研究：三時点 (1945年，1972－74年，2003年) の屋敷林の変化を通して」『住宅総合研究財団研究論文集』No. 33, 417-428 頁。

安藤徹哉・小野啓子・淩敏・廣岡周平 (2010)「沖縄県粟国島における福木屋敷林の実態」『日本建築学会計画系論文集』第75巻，第649号，603-608 頁。

加藤祐三・謝花恭子・城間美佳・渡辺康志 (2004)「沖縄における1960年チリ地震津波の証言」『琉球大学理学部紀要』No.77, 23-53 頁。

坂本知己・野口宏典 (2012)「東日本大震災の津波による海岸林の被害と津波被害軽減機能」『森林総合研究所平成24年版研究成果選集 2012』，

40-41 頁。

島尻勝太郎 (1990)「沖縄の風水思想」窪徳忠 [編]『沖縄の風水』平河出版社, 3-14 頁。

澁谷鎮明 (2003)「韓国農村における林藪と神補」. 石原潤 [編]『農村空間の研究 下』大明堂, 413-428 頁。

高良倉吉 (2008) 平成 17-19 年度基盤研究 B 報告『沖縄の災害情報に関する歴史文献を主体とした総合的研究』。

玉木順彦 (1990)「沖縄本島北部の風水史料―真喜屋村・稲嶺村の事例」窪徳忠 [編]『沖縄の風水』平河出版社, 233-304 頁。

多良間村役場 (2005)『多良間村勢要覧』。

崔昌祚・三浦國雄 [監訳]・金在浩・渋谷鎮明 [共訳] (1997)『韓国の風水思想』人文書院。

陳碧霞・仲間勇栄 (2009)「沖縄の風水景観に関する植生学的研究―多良間島を事例として―」『琉球大学農学部学術報告』56, 1-10 頁。

都築晶子 (1990)「近世沖縄における風水の受容とその展開」窪徳忠 [編]『沖縄の風水』平河出版社, 15-58 頁。

都築晶子 (1997)「蔡温の造林法について: 風水と技術」『東洋史苑』, 48/49, 31-54 頁。

都築晶子 (1999)「蔡温の風水思想―「首里地理記」の景観論とその展開」『竜谷史壇』, 111, 26-56 頁。

仲間勇栄 (2002)「村落環境の管理システムとしての山林風水の意義」『人間・植物関係学会雑誌』, 2(1), 39-46 頁。

仲間勇栄 (2003)「宮古島の森の現在と過去」宮古の自然と文化を考える会 [編]『宮古の自然と文化 永続的に反映する美しい島々』新星出版, 52-66 頁。

仲間勇栄 (2012)『島社会の森林と文化』琉球書房。

仲松弥秀 (1977)『古層の村 沖縄民俗文化論』沖縄タイムス社。

初島住彦 (1975)『琉球植物誌』沖縄生物教育研究会。

平田永二 (2006)「老齢フクギの樹齢の推定について」やまびこの会 [編]『沖縄のフクギ (福木) 林を考える』沖縄県緑化推進委員会, 41-46 頁。

町田宗博・都築晶子 (1993)「「風水の村」序論 -『北木山風水記』について」『琉球大学法文学部紀要 史学・地理学篇』36, 99-213 頁。

村山智順 (1931)『朝鮮の風水』朝鮮総督府。

渡邊欣雄 (2001)『風水の社会人類学』風響社。

関伝友 (2002)「中国古代風水林探析」『農業考古』2 (1), 105-110 頁。(中国語)

何曉昕（1990）『風水探源』東南大学出版社。（中国語）

許飛・邱尔発・王成・董建文・呉永曙（2012）「福建省における農村風水林の樹種構造特徴」『江西農業大学学報』34（1），99-106頁。（中国語）

Chen, B. (2008) A comparative study on the Feng Shui Village Landscape and Feng Shui trees in East Asia - a case study of Ryukyu and Sakishima Islands- (doctoral dissertation). The Science Bulletin of the Faculty of Agriculture, University of the Ryukyus, 55, 25-80.

Chen, B. and Y. Nakama (2011) Distribution of Fukugi (Garcinia subelliptica) trees as landscaping trees in traditional villages in Ryukyu Islands in Japan. Pacific Agriculture and Natural Resources, 3, 14-22.

Chen, B. and Y. Nakama (2012) Traditional Rural Landscapes in Island Topography in East Asia, Nova Science Publishers.

Chen, B., Y. Nakama, and K. Urayama (2014) Planted Forest and Diverse Cultures in Ecological Village Planning: A Case Study in Tarama Island, Okinawa Prefecture, Japan. Small-Scale Forestry 13(3), 333-347.

Coggins, C. (2003) The Tiger and the Pangolin-Nature, Culture, and Conservation in China, University of Hawaii Press.

Nakama, Y. and Z. Koki (2002) The significance of housing shelter forest and regional inhabitants' consciousness in island regions. Journal of the Japanese Society of Coastal Forest, 2(1), 5-11.

Smits, G. (1999) Visions of Ryukyu: Identity and Ideology in Early-Modern Thought and Politics, University of Hawaii Press.

Webb, R. (1995) The Village Landscape. In P. H. Hase and E. Sinn (Eds.), Beyond the Metropolis: Villages in Hong Kong. Hong Kong: Joint Publishing.

Whang, B. -C., and M. -W. Lee (2006) Landscape ecology planning principles in Korea Feng Shui, Bi-bo woodlands and ponds. Landscape Ecology Engineering, 2(2), 147-162.

Xu, P. (1990) Feng Shui: a model for landscape analysis. Ph. D. dissertation, Graduate School of Design, Harvard University.

Yip, J. K. L., Y. N. Ngar, J. Y. Yip, E. K. Y. Liu and P. C. C. Lai (2004) Venturing Fung Shui Woods, Hong Kong: Friends of the Country Parks, Agriculture, Fisheries and Conservation Department and Cosmos Books Ltd.

Yu, K. J. (1998) The source of ideal landscape: the cultural meaning of

Feng Shui, Beijing: Commercial Press. [in Chinese]

なかゆくい

風水と景観

　最近，沖縄県本部町備瀬のフクギ並木が大きな話題となりました。特に，大都会からの観光客に人気があるそうです。きっかけは，テレビ番組で紹介されたことにありました。ここでは，美しい並木道を家族や友達と一緒にゆっくり散策し，自然とふれあう贅沢な時間を過ごせます。実は，落ち葉をきれいに掃除したり，定期的に枝打ちしたりする住民の日頃の管理が，自然であると同時に快適な緑の空間を作り上げています。そのおかげで，観光客は自然林より安全に，より安心して自然の美しさを楽しむことができます。ここでは，伝統的な木造家屋や赤瓦，そしてフクギ並木が一体化した風景が人々の心に響いているのです。

　フクギ並木が防風林として植えられたことを知っている人も多いでしょう。沖縄には，頻繁に台風が襲来し，強い風が村に吹き込みます

図1　会話を交わしながらフクギ並木をビーチに向けて歩く親子（備瀬）

し，また夏場の日差しが強いため，フクギ並木は欠かせない存在です。しかし，沖縄のフクギ並木景観の形成には中国由来の風水に関連があることについては，多くの人々が非常に驚かれることと思います。日本では，風水といえば「占い」を連想する人が多いようですが，それは家をどういう配置にすれば風水がよくなるか，といったことを風水師に見てもらったりすることに理由があると思われます。風水とフクギ並木の関連については，古文書に記載されているのですが，歴史学者や建築学者の一部が知っているだけで，一般の人には遠い存在かもしれません。

　実は，フクギ並木は「屋敷抱護」と呼ばれ，「村抱護」（集落を取り囲む林帯），「浜抱護」（海岸を取り囲む林帯）ともに沖縄の伝統的集落景観を形成する重要な要素になっています。残念ながら，第二次世界大戦で山林および集落内の林帯の多くは焼失しました。さらに，1960年代から70年代の土地改良事業による大量伐採もありました。私は時々「もし琉球王府時代に植えられた林帯が破壊されなければ，沖縄の島々はどんなに美しいだろう」と思わずにはいられません。

　風水といえば，中国の状況も紹介する必要があります。私は2005年から中国の農村部の調査に入りましたが，風水の話題になると，現

図2　集落の後方を囲む半月形の風水林（香港新界大嶼山白芒）
『Venturing Fung Shui Woods』（Yip et al. 2004）より抜粋

地の住民が様々なことを話してくれました。中国南部の福建省，江西省，広東省では風水林は地域の人々にとって「あって当たり前な」存在です。大躍進時代（1958年から1961年までの間に中国で施行された農業・工業の大増産政策），鉄鋼業で使用された原始的な溶鉱炉に燃料を供給するため，樹木の大規模な伐採が開始されました。そのために山ははげ山になってしまいましたが，風水樹や風水林は伐採されずにほとんど残されました。なぜなら，それらが村の人々の運命や彼等の幸せに密接に関わっていると考えられたからなのだそうです。風水という，地域の人々に深く浸透している伝統的価値観が尊重され，守られた注目すべき事例です。

5

島嶼地域における社会環境と災害リスク

神谷 大介

　離島苦に対し，観光振興や交通利便性の改善，水道広域化等の種々の政策がとられている。しかしながら，過疎・高齢化が進行している島もある。本章では，観光振興がもたらす渇水リスクへの影響，過疎高齢島嶼地域における災害脆弱性と対応力について，島嶼地域社会が抱える課題について紹介する。

第1節　観光振興と渇水リスク

1．島嶼地域の水資源・水道事業の課題と地域社会問題

　沖縄県内には有人離島が39島あり，このうち36島が15の離島市町村に存在している。本研究では沖縄県企業局から受水している伊江村（伊江島）を除く14の離島市町村を対象とする。まず，離島市町村の水道の概要を表5-1に示す。なお，表中の創設年とは水道事業が開始された年であり，認可を受けた年ではない。1972年に本土復帰をしているため，それ以前は琉球政府，高等弁務官資金，石垣市では企業によって水供給を行っていたためである。また，水源種別の「表流水」はダムがない河川からの取水を意味し，「料金」は家庭用の水道料金，「事業」は水道事業数，「職員」は専従職員数を表している。この表より，創設年が早い竹富

表 5-1 離島市町村の水道概要

市町村名	創設年	水源種別	浄水方法	料金 (10m³)	事業	職員
伊平屋村	1970	ダム・地下水	電気透析	2,016	1	1
伊是名村	1971	ダム・地下水	緩速濾過	2,100	1	1
北大東村	1985	海水	海淡膜処理	3,085	1	1
南大東村	1974	海水	海淡膜処理	3,354	1	3
久米島町	1975	ダム・地下水	急・緩濾過[1]	1,449	1	7
粟国村	1974	海水	海淡膜処理	2,830	1	2
渡名喜村	1987	海水	海淡膜処理	2,620	1	2
渡嘉敷村	1976	表流水	急・緩併用	1,698	1	1
座間味村[2]	1974	ダム・地下水	急速濾過	1,664	2	1
宮古島市[3]	1965	地下ダム	ペレット	1,757	1	56
多良間村	1974	地下水	膜処理	2,780	1	1
石垣市	1962	ダム・地下水	緩速濾過	1,338	2	52
竹富町[4]	1957	表流水	緩速濾過	1,401	7	2
与那国町	1959	表流水	緩速濾過	1,150	1	1

[沖縄県薬務衛生課 2011]

1) 久米島町の3浄水場の内, 1つは急速濾過, 2つは緩速濾過。
2) 座間味島は急速濾過の高度処理であり, 阿嘉・慶留間島は緩速濾過と急速濾過の併用。
3) 伊良部島は膜処理を行っている。
4) 波照間島では海水淡水化を行っている。

町や与那国町は現在でも表流水を水源としており, 水資源が比較的豊かであることが分かる。一方, 創設年が遅い北大東村や渡名喜村は海水淡水化を実施しており, 元々水資源に乏しかったことが理解できる。また膜処理の実施は, 水量としては安定するが水道料金の値上げを伴うことになる。沖縄本島では家庭用 10m³ あたり 1,000 ～ 1,500 円が普通であるが, これと比較すると離島市町村の水道料金はやや高めであり, 膜処理を行っている市町村では本島の2倍程の料金となっている。離島市町村の多くは水道

図 5-1 島嶼地域の水に関わる社会問題

の料金収入だけで水道事業を運営することは困難であり、一般財源からの繰り入れを行っている。つまり、実際の造水コストはこれ以上かかっており、水を使えば使うほど赤字になるという構造になっている。この解決のためには水道料金の値上げが必要となる。しかし、全国で最も家計の収入が少ない沖縄県において、さらに経済的に厳しくかつ高齢者が多い離島市町村では、値上げが困難であることは容易に想像できる。

以上より、水量の不足や水源水質悪化は浄水方法の変更を余儀なくするが、小規模市町村では技術的、人的、経済的に対応が難しく、さらに住民負担を強いるという構造を有していることがわかる。また、渡名喜村や北大東村のように元々水資源に乏しい島では、海水淡水化による高価な水道料金に対して住民の理解は得られるが、観光客の増加による浄水方法の変更および料金値上げは観光に関係のない住民の理解を得ることは難しいであろう。

次に、離島市町村水道事業者等へのヒアリング調査を基に、上記課題に観光産業を加え、自然環境と地域社会との関係から離島市町村が抱える水に関する問題点を図 5-1 のように構造化した [神谷 2009]。島嶼地域において自然環境は観光資源であり、観光振興は島嶼社会において地域活性化等の効果がある。しかし、観光客の増加は水使用量の増加を伴い、水資源量が一定であれば渇水

リスクは当然増加する。この対応をしなければ給水制限が発生し，地域住民にとっては負担感となる。さらにこれは，複数離島や複数水道事業を抱える市町村では，同一市町村内で給水制限をしている島としていない島が存在することになり，不公平感を生み出している。この顕著な例が座間味村であり，住民へのヒアリングでは，「観光客がこれほど来る前は給水制限がなかったのに」というお年寄りもいた。対応をするにはダム建設か海水淡水化が必要となる。節水という代替案もあるが，人口の数倍の観光客が使う水から考えれば，住民の節水のみで対応することは難しい。

　ダム建設の場合，それ自体が島の自然環境を破壊するだけでなく，排出土砂は沿岸域の埋め立てに使われ，サンゴ礁の海岸を破壊することになる。つまり，貴重な生態系を有する自然環境が観光資源であり，これを目当てに訪れる観光客が使う水の量を賄うために自然環境を破壊するという本末転倒の状況が生まれていることを示している。海水淡水化を行えば水道料金の値上げによる住民負担，一般財源からの繰り入れによる役場の財政的負担が増加することになる。さらに，水使用量の増加は汚水量の増加を伴い，下水道等の廃水処理施設が不十分な島や接続率の低い島では，沿岸域に環境負荷を与えていることになる。これは結局自然環境の破壊・汚染につながっている。すなわち，観光が島嶼社会に対して負担を強いることになり，さらに観光資源である自然環境を破壊しているという構造があることが分かる。この問題を解決するためには，島嶼別の水資源からみた観光客の容量を明確にする必要がある。このためには，観光と水使用量の関係を明らかにしなければならない。

2．渇水履歴と水使用量

（1）渇水履歴と水資源開発

沖縄本島では 1972 年の本土復帰以降毎年のように給水制限をしていたが，国管理 5 ダム，県管理 2 ダム，海水淡水化 1 施設が完成し，ほぼ現在の水資源開発の状況に達した 1994 年以降給水制限を実施していない。一方離島地域においては，表 5-2 に示すように 1993 および 1994 年度に多くの市町村で給水制限を実施したが，それ以降は減少傾向にある。これは沖縄本島の水資源開発が行われた後，例えば宮古島の地下ダム建設や波照間島の海水淡水化施設等，離島地域でも水資源開発が行われた結果だと考えられる。しかし，座間味村では 2001 年度から毎年給水制限を実施した経緯がある。座間味島では 1989 年完成の座間味ダム（有効貯水容量 56 千 m^3，集水面積 $0.8 km^2$）があるが, 非常に小さい。また，3 か所の浅井戸からも取水を行っているが，島が小さいため必然的に井戸の場所は海岸線に近くなり，降水量が少なくなると塩素イオン濃度が上昇するという問題を有している。

表 -5-2 渇水による給水制限実施履歴

年度	地域	日数
1983	石垣市給水区域	30
1991	石垣市給水区域	103
1993	石垣市給水区域	220
	座間味	235
	阿嘉・慶留間	174
	渡嘉敷村	79
	波照間	181
	舟浮	15
	宮古島企業団	69
1994	具志川村	21
	座間味	35
	阿嘉・慶留間	55
2001	座間味	26
2002	座間味	74
2003	座間味	252
	渡嘉敷村	9
2004	座間味	71
2005	座間味	147
	阿嘉・慶留間	64
2006	座間味	57
2007	座間味	56

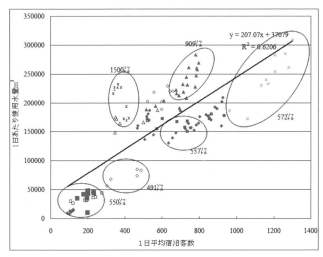

図5-2 ホテルの宿泊客数と使用水量の関係

(2) 観光と水需要および給水制限への影響

ここまでで,観光の影響が島嶼の水利用に大きく影響していることを示したが,観光用水量の実態については明らかになっていない。ここではまず,過去約5年間の大口需要者としてあげられている沖縄本島のホテルの水使用実態から,宿泊客数と水使用量の関係を図5-2に示す。なお,この図の中の数値は宿泊客1人あたりに換算した値である。平均の線より上にあるホテルは下にあるホテルよりも稼働率が高い傾向がある。ホテルの地下水及び天水利用による影響も出ていると考えられるがそこまでの調査はできていないので,今後の課題とする。しかし,島嶼地域の生活用水量の1人1日あたり有収水量は150～250リットルであり,少なくとも離島地域にリゾートホテルが建設されれば,住民の2～10倍の水をホテルだけで使用していることになる。簡易水道の施設整備基準を考慮すると宿泊施設の稼働率は15～50％で

表 5-3 座間味村における利用者別有収水量

月	観光関連施設				その他（住民、企業、学校等）			
	使用水量(t)		1人1日(ℓ)		使用水量(t)		1人1日(ℓ)	
	平常	制限	平常	制限	平常	制限	平常	制限
4	1844	1823	573	541	3105	3148	168	167
5	2155	2202	574	584	3350	3232	175	166
6	1785	1874	404	434	2919	3029	158	161
7	3168	3843	427	418	3797	4408	196	230
8	3782	3613	394	325	4190	3778	217	198
9	2896	2601	421	408	3748	3351	200	181
10	2528	2270	592	495	3226	3091	166	162
11	2294	1974	797	712	3182	2950	169	159
12	1339	1326	608	617	2698	2313	141	121
1	1635	1563	824	926	3020	2822	158	147
2	1516	1285	576	573	3168	2923	181	167
3	1736	1444	518	408	3166	2707	165	142

なければならないが、実際は沖縄県全体で約70％となっている。これも給水制限の可能性を高める1つの要因だと考えられる。また、回帰式の定数項である37,079m^{3}は施設維持のために利用されていると考えることができよう。すなわち、観光客数だけでなくホテルができればそれだけで水使用量は大幅に増大することが示されている。

次に、座間味村の2002年4月～2007年12月の利用者別使用水量および1人1日あたりの水量を表5-3に示す。観光関連施設とは、宿泊施設とダイビングショップであり、それ以外をその他としている。観光関連施設の1人1日あたりの水量は座間味島への入域観光客数で使用水量を除した値である。ここでいう入域観光客数は日帰り客も含まれており、さらに観光関連施設が前述2種類の施設のみであるため、実際の使用水量より少なく見積もっていることを断っておく。これより、観光客が多い8月等では観

光関連施設だけで島の使用水量の半分近くを使っていることが分かる。1人1日あたりで比較すると，観光客は住民より少なく見積もって2～5倍の水量を使っている。7年連続給水制限を実施し，その水使用実態が観光客のためだということは，観光に関係のない住民への負担感は大きいといえる。さらに，給水制限時に観光関連施設で使用水量および1人1日あたり使用水量が増えている月がある。給水制限を実施しても，宿泊施設には大きなタンクを設置しているため，通常通り水を使うことができる。つまり，観光客による節水が行われなかった結果である。住民が夜間断水や隔日断水に苦しんでいる中，観光客は自由に水を使っているということである。その他でも給水制限時に水使用量が増えている月はある。これは普段の水量が非常に少ないことから，元々節水していたため使用水量の減少が少ないことと，平常時は天水タンクや井戸水も利用しているが，渇水時期になると天水タンクは使えず，さらに井戸水の塩素イオン濃度が高まるために使えなくなったため水道水に依存することになり，使用水量が増加する結果となる。

第2節　過疎高齢島嶼地域における減災計画

1．はじめに

　近年，都市化や過疎化が進むことによって各地域の社会構造は変化し，それに伴い災害リスクの形態もさまざまに変化してきている。例えば，都市部の場合，居住地と勤務地が離れる構造になったことで，帰宅困難者の発生が課題としてあげられるようになった。また，過疎高齢化が進む中山間部や離島地域では，支援可能者となる若者が少ないため，住民間の助け合いができず被災リ

スクが高くなっている。さらに外部とのアクセスが困難であることが過疎化の原因となっている地域が多く、そのことは災害時に他地域からの支援の妨げとなるため、被害を拡大させる1つの要因となる。特に離島地域は、津波や台風の影響で船や飛行機などのアクセスが途絶える可能性が高く、他地域と陸続きである中山間部よりも危険性が高いと考えられる。

　本研究の対象地域である渡名喜村もそのような離島地域の1つである。渡名喜村は沖縄県の離島の1つであり、那覇市から毎日上下1便出ている船以外にアクセスする手段は無い。また、村内には高等学校もないため若者が村外に出る傾向にあり、過疎高齢化が進んでいる。日本で2番目に人口が少ない村になっており、人口が約400人、高齢化率が約40％となっている。そのため、渡名喜村は災害時要援護者となりやすい高齢者が多く、災害に対する脆弱性が高い地域であるということができる。また、渡名喜村の集落は標高10m以下の低い部分に形成されており、津波や高潮などによる被害が想定されている。しかし、集落内に避難ビルに指定できるような建物は小・中学校校舎のみであり、その3階部分の面積も100m^2程度しかない。また、渡名喜村は重要伝統的建造物群保存地区に指定されているため、集落内に新たな避難施設を作ることも困難である。このため被災リスクの軽減にハード的対策は困難であり、ソフト的対策が必要であると考えられる。

　本研究では、ソフト的対策の1つとして住民間の日常的なつながりに着目する。そして、住民間のつながりを生かした災害リスク軽減の方向性について述べる。

2．社会調査の概要

　災害時要援護者対応においては，誰が誰を助けるのかということが問題となる。これは近所に住んでいる方同士での対応が基本となるが，この集落規模から考えれば，このことを考慮する必要はないと思われる。それよりも，要援護者と援護可能者が日常的に認知し合っているか，付き合いがあるかという事の方が問題となろう。このため，島民間のつながりや災害リスクに関する認知度合い，日常の生活活動等についてアンケート調査を実施した［神谷 2012］。調査期間は 2008 年 12 月 17 日〜 24 日であり，方法は訪問聞き取りと留置調査により実施した。調査票は世帯票と個人票で構成し，それぞれのサンプル数は表 5-4 の通りである。なお，表中の「島内にいる人」とは，調査期間中に毎日家を訪問したが常に不在だった家，および病気等で不在が確認出来た人を除いた世帯数および人数を意味している。（　）内の数字は中学生未満を意味し，人口は 2008 年 5 月現在の値である。

　島民間のつながりを調べるために，個人票内の設問で回答者が自分以外の個人を認知している人の家に○をつけてもらった。これより，各個人（世帯）が他の人（世帯）の認知を明らかにし，これをどれだけ認知されているかという集計を行うことにより，要援護者と援護可能者の関係について問題点を明らかにすることを試みる。認知関係について，以下の 3 つの仮定をおく。

・職場（役場職員，小・中学校職員）が同じ場合，その各個

表 5-4　アンケートサンプル数

	人口	世帯数
住民基本台帳	440	195
島内にいる人	328（21）	158
サンプル数	162	125

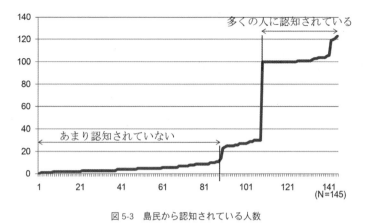

図 5-3 島民から認知されている人数

人を完全グラフとする。
・子供を介したネットワーク（小・中学校生徒を持つ世帯および小・中学校職員）でつながる各個人は完全グラフとする。
・同じ家の中に居住している各個人は完全グラフとする。

役場の職員数および小中学校職員数は20数名であり、小中学校の生徒は十数名と非常に小さい集団であり、平日はいつも顔を合わせていることより、この仮定は問題ないと判断できる。以上の条件で認知されている人数を集計した結果を図5-3に示す。これより、100人以上という多くの方に認知されている人と10人以下というあまり認知されていない人で大きな差があることがわかる。次に、この差について地縁を深める要素の1つである地域のお祭り等の活動への参加状況との関係から考察を行う。これは、週3回行われている「朝起き会」および「水上運動会」、「海神祭」への参加状況、高齢者に関してはデイサービスの参加度合いについて集計した。これを表5-5に示す。これより、あまり認知され

表5-5 認知度合いと行事等への参加の関係

		多くの人に認知		ほとんど認知されていない	
		人数	割合（％）	人数	割合（％）
行事参加	朝起き会	18	49	2	2
	運動会	31	84	50	56
	海神祭	30	81	62	70
高齢者（アンケート回答者64人）	高齢者	1	3	58	65
	デイ参加	0	0	23	26
	デイ不参加	1	3	32	36
	独居（37人）	0	0	17	19
全　体		37	100	89	100

ていない人89人中58人が高齢者であった。また，多くの人に認知されている人の方が朝起き会に参加していること，独居高齢者の約半数がほとんど認知されていないことが明らかとなった。

ほとんど認知されていない人と多くの人から認知されている人との日常生活活動の違いについて，表5-6と表5-7に示す。表5-6には被認知数が0か1の方で日常生活活動に関するアンケートの質問に回答してくれた7名の平日と休日の活動を示す。表5-7には多くの方から認知されている方の内，日常生活活動に関する質問に回答してくださった6名の活動を示す。これより，殆ど認知されていない人は自宅で過ごす時間が非常に長く，出ても少し畑に行くぐらいである。一方，多くの人から認知されている人は，平日は職場へ，休日は島外へ出ている方が多い。

次に，災害時に援護可能と回答した方および16～44歳までの方で家族に要援護者がいない人の職業別の内訳を表5-8に示す。これより，小・中学校の教員がほとんどであることがわかる。渡名喜村をはじめ，小規模離島の小・中学校の教員の特徴として，

表5-6 ほとんど認知されていない人の生活活動

被認知数	0				1									
	活動場所				活動場所									
個人ID	262 (82歳)		175 (75歳)		66 (68歳)		126 (65歳)		172 (77歳)		218 (79歳)		272 (88歳)	
時刻	平日	休日	平日	休日	平日	休日	平日	休日	平日	休日	平日	休日	平日	休日
午前1時	自宅	自宅		自宅	海	海	自宅	自宅	自宅	自宅	自宅	自宅	自宅	自宅
午前2時	自宅	自宅		自宅	海	海	自宅	自宅	自宅	自宅	自宅	自宅	自宅	自宅
午前3時	自宅	自宅		自宅	海	海	自宅	自宅	自宅	自宅	自宅	自宅	自宅	自宅
午前4時	自宅	自宅		自宅	自宅	自宅	自宅	自宅	自宅	自宅	自宅	自宅	自宅	自宅
午前5時	自宅	自宅		自宅	自宅	自宅	自宅	自宅	自宅	自宅	自宅	自宅	自宅	自宅
午前6時	自宅	自宅		自宅	自宅	自宅	自宅	自宅	自宅	自宅	自宅	自宅	自宅	自宅
午前7時	自宅	自宅		自宅	自宅	自宅	自宅	自宅	自宅	自宅	自宅	自宅	自宅	自宅
午前8時	自宅	自宅		自宅	自宅	自宅	畑	畑	自宅	自宅	自宅	自宅	自宅	自宅
午前9時	畑	畑		自宅	自宅	自宅	畑	畑	自宅	自宅	自宅	自宅	自宅	自宅
午前10時	畑	畑		自宅	自宅	自宅	畑	畑	自宅	自宅	娘の家	娘の家	自宅	自宅
午前11時	畑	畑		自宅	自宅	自宅	畑	畑	自宅	自宅	娘の家	娘の家	自宅	自宅
正午	自宅	自宅		港	自宅	自宅	畑	畑	自宅	自宅	自宅	自宅	自宅	自宅
午後1時	自宅	自宅		港	自宅	自宅	畑	畑	自宅	自宅	自宅	自宅	自宅	自宅
午後2時	自宅	自宅		港	自宅	自宅	畑	畑	自宅	自宅	自宅	自宅	自宅	自宅
午後3時	自宅	自宅		港	海	海	自宅	自宅	自宅	自宅	自宅	自宅	自宅	自宅
午後4時	畑	畑		自宅	海	海	自宅	自宅	自宅	自宅	自宅	自宅	自宅	自宅
午後5時	畑	畑		自宅	海	海	自宅	自宅	自宅	自宅	自宅	自宅	自宅	自宅
午後6時	畑	畑		自宅	自宅	自宅	畑	畑	自宅	自宅	自宅	自宅	自宅	自宅
午後7時	自宅	自宅		自宅	自宅	自宅	自宅	自宅	自宅	自宅	自宅	自宅	自宅	自宅
午後8時	自宅	自宅		自宅	自宅	自宅	自宅	自宅	自宅	自宅	自宅	自宅	自宅	自宅
午後9時	自宅	自宅		自宅	自宅	自宅	自宅	自宅	自宅	自宅	自宅	自宅	自宅	自宅
午後10時	自宅	自宅		自宅	自宅	自宅	自宅	自宅	自宅	自宅	自宅	自宅	自宅	自宅
午後11時	自宅	自宅		自宅	自宅	自宅	自宅	自宅	自宅	自宅	自宅	自宅	自宅	自宅
午前0時	自宅	自宅		自宅	海	海	自宅	自宅	自宅	自宅	自宅	自宅	自宅	自宅

表 5-7 多くの人に認知されている人の生活活動

被認知数	20 以上											
	活動場所											
個人ID	48（44歳）		102（50歳）		161（54歳）		182（31歳）		183（38歳）		184（23歳)	
時刻	平日	休日	平日	休日	平日	休日	平日	休日	平日	休日	平日	休日
午前1時	自宅	那覇	自宅	自宅	自宅	自宅	自宅	那覇	自宅	那覇	自宅	那覇
午前2時	自宅	那覇	自宅	自宅	自宅	自宅	自宅	那覇	自宅	那覇	自宅	那覇
午前3時	自宅	那覇	自宅	自宅	自宅	自宅	自宅	那覇	自宅	那覇	自宅	那覇
午前4時	自宅	那覇	自宅	自宅	自宅	自宅	自宅	那覇	自宅	那覇	自宅	那覇
午前5時	自宅	那覇	自宅	自宅	自宅	自宅	自宅	那覇	自宅	那覇	自宅	那覇
午前6時	自宅	那覇	自宅	自宅	自宅	自宅	自宅	那覇	自宅	那覇	自宅	那覇
午前7時	自宅	那覇	自宅	自宅	職場	村内	自宅	那覇	自宅	那覇	自宅	那覇
午前8時	職場	船内	職場	自宅	職場	村内	職場	那覇	職場	船内	職場	船内
午前9時	職場	船内	職場	船内	職場	村内	職場	那覇	職場	船内	職場	船内
午前10時	職場	船内	職場	船内	職場	自宅	職場	那覇	職場	船内	職場	船内
午前11時	職場	船内	職場	船内	自宅	職場	那覇	職場	自宅	職場	船内
正午	自宅	自宅	職場	船内	自宅	村内	職場	那覇	自宅	職場	自宅
午後1時	職場	自宅	職場	船内	職場	村内	職場	那覇	職場	自宅	職場	自宅
午後2時	職場	自宅	職場	那覇	職場	村内	職場	那覇	職場	自宅	職場	自宅
午後3時	職場	自宅	職場	那覇	職場	職場	職場	那覇	職場	自宅	職場	自宅
午後4時	職場	自宅	職場	那覇	職場	職場	職場	那覇	職場	自宅	職場	自宅
午後5時	職場	自宅	職場	那覇	職場	職場	職場	那覇	職場	自宅	職場	自宅
午後6時	職場	自宅	職場	那覇	自宅	職場	那覇	職場	自宅	職場
午後7時	自宅	自宅	職場	那覇	自宅	職場	職場	那覇	職場	自宅	自宅	自宅
午後8時	自宅	自宅	自宅	那覇	自宅	自宅	職場	那覇	自宅	自宅	自宅	自宅
午後9時	自宅	自宅	自宅	那覇	自宅	自宅	自宅	那覇	自宅	自宅	自宅	自宅
午後10時	自宅	自宅	自宅	那覇	自宅	自宅	自宅	那覇	自宅	自宅	自宅	自宅
午後11時	自宅	自宅	自宅	那覇	自宅	自宅	自宅	那覇	自宅	自宅	自宅	自宅
午前0時	自宅	自宅	自宅	那覇	自宅	自宅	自宅	那覇	自宅	自宅	自宅	自宅

表5-8 援護可能者の職業構成

	役場	小・中学校	会社員	不明	合計
人数（名）	1	12	1	1	15

臨時教員が多く，2～3年程度で移動する，という点が上げられる。また今回の調査では，独身の教員が多く，休日になると沖縄本島へと帰ることが多い。この結果，小・中学校教員の12名が家族以外の助けが必要である災害時要援護者（全て高齢者）15人の内，1人しか認知していなかった。

　一般的には都市より田舎，そして離島のような小規模かつ閉鎖的な地域の方が人のつながりが強いと考えられるが，災害時に必要なつながりである援護可能者と要援護者の関係は強くないことが示された。この島の場合は診療所しかないため，寝たきりのお年寄りはいないが，ほとんど外出しない（できない）高齢者はいる。そのことを島外出身者であり，かつ若い小中学校の先生が認知できていない。小中学校に高齢者との関わりを持つ機会があるかどうかをヒアリングすると，上述した「朝起き会」や「水上運動会」での関係しかないようであった。「朝起き会」に日常的に参加できる高齢者は災害時にも自力で避難できる高齢者だと考えられる。「水上運動会」も積極的に高齢者の参加を促すということにはなっていない。他の離島では，高齢者が参加できる運動会の競技として縄編み競争等が行われていたり，校庭での農作物の育て方を高齢者が教師・生徒に教えていたりした。また，地域の昔の遊び等を子どもへ教えている島もある。積極的に学校と地域の高齢者との関わりを作っているところもある。このようなつながりが1つの減災への取り組みとして考えられる。

第3節　離島地域の変化と社会的リスク

　日本は人口減少・高齢社会へと向かっている。離島地域はさらに早くそれが進行している。これに対して，第1節では観光振興による地域活性化に取り組む島を取り上げた。観光客数増加という社会の変化は地域活性化へ貢献する一方，渇水リスクを増加させる要因となる。島（地域）の水資源をはじめとした環境容量を考慮した振興施策でなければ，負の影響が顕在化することを示した。第2節では過疎化・高齢化が特に進行した島において，自然災害に対する社会的脆弱性について論じた。ほとんどの市町村の地域防災計画には教員の役割は記述されていない。しかしながら，高齢化が進行した小さなコミュニティにおいて，教員は貴重な減災力であるとも考えられる。地域にある減災力を発掘し，それを活用できる社会の仕組みを創ることが社会的対応力を高める方法であり，ここではその1つの方向性を示した。

　離島地域で生じている課題は「離島だから」と考える人も多いだろうが，日本社会の縮図として考えることも可能である。特に社会環境の変化が島の自然環境や自然災害リスクを大きく変化させる。このため，都市域よりも総合的な計画論が必要である。

参考文献
沖縄県薬務衛生課（2011）『沖縄県の水道概要』。
神谷大介（2009）「沖縄県の島嶼における水需要構造変化と観光の影響に関する分析」『地域学研究』第39巻，第2号，267-281頁。
神谷大介（2012）「過疎高齢島嶼地域における減災計画のための地域分析方法」『地域学研究』第41巻，第4号，1031-1044頁。

なかゆくい

離島こそ，総合的な計画を

　離島とは何であろうか？　離れた島。つまり，繋がっていない島。法律上は本州や沖縄本島と橋梁等で物理的に繋がっているか否かによって判断されます。その繋がっていない島故の苦労を，沖縄では「離島苦（しまちゃび）」と呼びます。出産できない島，高校入学と同時に島を離れる 15 の春，就労機会に恵まれない島，火葬場のない島。離れる機会が多く，戻る機会が少ないのが離島かもしれません。さらに，輸送費負担による食品・燃料等の高値，進学による二重生活，生活品購入や通院のための交通費負担等，移動に係る費用負担も離島苦として挙げられるでしょう。

　繋がらないことに対する課題ばかりが取り上げられますが，繋がることは新たな課題を産み出すことがあります。例えば本四架橋で繋がった淡路島では，観光客数は増加しましたが宿泊客数は減少しました。このような事はバイパス整備や新幹線整備でもよく見られます。

　一方，繋がらないことが持つ意味もあります。例えば，都会で生活している人にとって，物流事故等により 5 日間食料が購入できない状況を想像してみて下さい。食べ物に困るでしょう。例えば南北大東島ではそもそも 5 日に 1 回程度しか食料は運ばれてきません。自然災害に対して 3 日分の食糧を備蓄することが推奨されていますが，このような島では日常的に備蓄がなされています。また，閉じた空間で生活していますので，1 人 1 人の顔や名前はもちろん，体調や身体的特徴（障がい等）まで理解している人も多数存在します。都会では避難行動要支援者名簿を作成し，災害時に配慮を要する人のリストアップをしていますが，離島では島民の頭の中に存在します。

　また，就労機会の増加を目指し，地域の自立を目指す観光振興はごみ問題や水資源問題を引き起こします。ある問題を解決するために取り組んだことが，別の問題を引き起こすことが十分に考えられます。そのことが，小さい島であれば，問題が顕在化しやすく，かつ，生活

と直結しやすくなります。

　離島地域における各種計画・施策は単一目的的なアプローチではなく，都会よりも一層総合的なアプローチ（施策間の有機的連携）が必要になります。さらに，離島のコミュニティの強さ等を活用する必要があります。そのためには，生活者参加（ボトムアップ）型の計画論が重要であり，これを実現するための熟議の場とロジックが必要となります。

6

世界自然遺産「奄美・琉球」の登録と持続可能な地域社会の実現に向けて
― 人々の暮らしと照葉樹林がつむぐ島の景観 ―

滝澤 玲子

　島の人々は，その時代に応じて関わり方の内容や度合いを変化させながらも，身近な海・川・森を使った生活を長く続けてきた。その長い営みの中で，多様な生活文化，伝統祭祀を育んできた。その身近な自然は，一方で，大陸に起源する島の成り立ちを反映した固有かつ希少な動植物の宝庫という側面を持つ。集落ごとにも異なるという固有の生活文化や伝統祭祀とそれを支える豊かな生物多様性をどう保全し継承していくのか。人々の暮らしが固有の生態系に組み込まれた島の中で，新たな自然保護区をどのように設定して管理を行っていくのか。世界自然遺産の登録と国立公園の指定に向けた取り組みが行われている「奄美・琉球」における試みを紹介したい。

第1節　日本の世界自然遺産と候補地「奄美・琉球」

　世界遺産は「世界の文化遺産及び自然遺産の保護に関する条約」に基づいて，人類のかけがえのない財産として将来に引き継いでいく宝物として登録された物件のことで，文化遺産，自然遺産，複合遺産の3種類がある。2015年7月現在，文化遺産802件，自然遺産197件，複合遺産32件の合計1,031件が登録されてい

る。国内の登録状況は，2015年7月現在，文化遺産15件，自然遺産4件である。文化遺産として近年登録された物件には，富士山(2013年)，富岡製紙場(2014年)，明治日本の産業革命遺産(2015年)がある。

　日本の世界自然遺産は，知床，白神山地，屋久島，小笠原諸島である。日本が世界遺産条約を締結したのが1992年であり，これは世界遺産条約が1972年のユネスコ総会で採択された20年後のことである。締結の翌年（1993年）には，国内初の物件として白神山地と屋久島が登録されている。その後，学術的知見より世界自然遺産に推薦できる価値を持った候補地を選定するため，環境省と林野庁が共同で2003年に世界自然遺産候補地に関する検討会を設置し，学識経験者らによる検討を行った。その結果選定されたのが，知床，小笠原諸島，琉球諸島の3つである。これらの候補地は，準備が整ったところから推薦され，2005年に知床，2011年に小笠原諸島が登録された。そして，残された候補地が琉球諸島，すなわち「奄美・琉球」である。

　世界自然遺産として登録されるまでの流れは，まず，世界遺産条約に加盟している国が数年以内に世界遺産に推薦したいと考えている物件の一覧表（暫定リスト）に記載し提出する。暫定リストへの記載手続を行った物件について準備が整った後，ユネスコ世界遺産センターへ正式に推薦書の提出を行い，世界遺産委員会の諮問機関（国際自然保護連合）による現地調査及び評価を経て，毎年7月頃に行われる世界遺産委員会における審議により世界遺産一覧表への記載（いわゆる登録）の可否の決定がなされる。

　登録の可否は最終的に世界遺産委員会が決定するものであるが，評価の基準や推薦のための必要事項が定められている［ユネスコ世界遺産センター　2005］。クライテリア（評価基準）への1つ以

上の合致，法的な保護担保措置，保全管理計画や保全管理体制の構築などである。日本では自然遺産の法的な保護担保措置として，自然公園法に基づく国立公園，自然環境保全法に基づく自然環境保全地域，国有林の森林生態系保護地域により担保している。推薦は，これらの準備をすべて整えてから行うことができる。

「奄美・琉球」は，暫定一覧表への記載手続を2013年1月に行い，2015年11月現在，法的な保護措置や管理計画等を整えるための準備を行っているところである。

第2節 「奄美・琉球」とやんばる

候補地「奄美・琉球」が位置するのは，九州の南の海上から台湾にかけて，ユーラシア大陸の東端に島々が弓状に連なる琉球弧である。核となるのは，奄美大島，徳之島，沖縄島北部（やんばる），西表島の島々である。温暖で多湿な亜熱帯性気候であり，照葉樹林が島々を覆っている。そこには，琉球列島の形成過程を反映して形成された島々の地史を背景に，多種多様な固有かつ希少な動植物が生息・生育している。

世界遺産の記載基準の1つに，クライテリア（評価基準）の1つ以上に合致することが必要とされている。このクライテリアはi～xまでの10の項目があり，そのうちi～viが文化遺産，残りのvii～xが自然遺産となっている（表6-1）。「奄美・琉球」は，この項目のうち，ix）生態系，x）生物多様性というクライテリアに合致する可能性があると国内の専門家より評価されている。ix）生態系については，この地域だけに残された大陸に遺存する固有種が分布し，島々が分離結合を繰り返す過程での種分化が生じているということ，x）生物多様性については，ＩＵＣＮレッ

表6-1 世界自然遺産の評価基準

(vii) 自然美	最上級の自然現象、又は、類まれな自然美・美的価値を有する地域を包含する。　　　　　　　　　　【屋久島】
(viii) 地形・地質	生命進化の記録や、地形形成における重要な進行中の地質学的過程、あるいは重要な地形学的又は自然地理学的特徴といった、地球の歴史の主要な段階を代表する顕著な見本である。
(ix) 生態系	陸上・淡水域・沿岸・海洋の生態系や動植物群集の進化、発展において、重要な進行中の生態学的過程又は生物学的過程を代表する顕著な見本である。 【知床】【白神山地】【小笠原諸島】【屋久島】
(x) 生物多様性	学術上又は保全上顕著な普遍的価値を有する絶滅のおそれのある種の生息地など、生物多様性の生息内保全にとって最も重要な自然の生息地を包含する。　【知床】

環境省パンフレット「日本の世界自然遺産」(2013年3月)をもとに作成
評価基準内の【 】は、既存の登録地がどの基準に適合したかを示している。

ドリストに掲載されている多くの国際的希少種や固有種の生息・生育地であり、世界的な生物多様性保全の上で重要な地域であることである。生態系の部分についてかみ砕いて述べると、琉球の島々は昔大陸の一番端の部分にあたり、それが地殻変動や海面上昇などの変化に伴い、島として隔離されてきたという歴史（地史）があり、それに伴い大陸に広く分布していた生き物も島に長い間隔離され、島に閉じ込められた環境の中で生き残り、固有種となり現在も進化を続けているということである。

「やんばる」という言葉は、漢字で山原と書き、山々が重なり森の広がる地域を意味している。古くは沖縄島の恩納村以北の地域全体を指す言葉として使われてきたが、現在、亜熱帯照葉樹林が健全な形で残り、本来の沖縄島の動植物が生息・生育しているのは、沖縄島北部の3村（国頭村、大宜味村、東村）の地域のみである（図6-1、写真6-1）。本文では、その3村を指してやんば

写真6-1 やんばるの照葉樹林
（やんばる自然保護官事務所＝提供）

図6-1 やんばるの位置図

るという言葉を使う。沖縄島南部に位置する八重瀬町（旧具志頭村）の港川フィッシャー遺跡からは，ケナガネズミやヤンバルクイナ，オキナワイシカワガエルなどの化石が発掘されており，やんばるはかつての動物相が残されている地域であるといえる［野原・伊礼 2002］。

　やんばるに生息する国際的な希少種としては，ヤンバルクイナ，ノグチゲラ，ケナガネズミ，オキナワトゲネズミ，リュウキュウヤマガメ，クロイワトカゲモドキ，イボイモリ，オキナワイシカワガエルなどがあげられる（写真6-2~4）。やんばるの3村の合計面積は日本の面積のわずか0.1パーセントにも満たないが，日本在来のカエルのうち4分の1の種が生息し，鳥類の約半数（渡り鳥や迷鳥が多い）の種が観察することができるという非常に生物多様性の高い場所でもある。

　固有種の分布状況を近い島々の間で比較するとその不思議さがわかる。ヤンバルクイナやナミエガエル，ヤンバルテナガコガネはやんばるにのみ生息する固有種である。反対に，アマミノクロ

ウサギは奄美大島と徳之島にいるが、やんばるにはいない。その一方で、国内最大のネズミであるケナガネズミは、やんばる、徳之島、奄美大島に共通して分布する。クロイワトカゲモドキという原始的なヤモリは、徳之島や沖縄島とその周辺の島ごとに5つの亜種に分化している。このように、それぞれの島にしかいない生き物がいる一方で、同じ生き物もいるという非常に面白い場所であり、これらの生き物のDNA情報は、いつ大陸や本州から島が分離し、さらに細かく島々が分かれて現在の形になったのかという、島々の歴史を解き明かすデータにも用いられている。

第3節 「奄美・琉球」の保護地域と国立公園

候補地「奄美・琉球」の核となる奄美大島、徳之島、沖縄島北部、西表島における国立公園は、現在、西表島に指定された西表石垣国立公園のみである。それ以外の3つの地域については、奄美群島国定公園、沖縄海岸国定公園が海岸部分を中心に指定されているのみであり、世界遺産の価値を保全するに足りる十分な保護地域が指定されていない。保護地域の中でも高い資質を有したところしかなれないという世界自然遺産の候補地が、国立公園に指定されていないというのは意外に思われるかもしれない。

国立公園は、わが国を代表する優れた自然の風景地であり、その選定の考え方は、時代のニーズや価値観に合わせて変化してきた。それまでの景観という観点から評価の対象とならなかった亜熱帯の照葉樹林についても、その美しさや生物多様性のホットスポットとしての価値が高まり、改めて優れた自然の風景地として評価すべき対象の一つとしてあげられるようになった。「国立・国定公園の指定及び管理運営に関する提言」では、奄美群島やや

写真 6-2 ヤンバルクイナ（やんばる自然保護官事務所＝提供）
日本で唯一の非飛翔性の鳥。やんばるのみに生息し、カタツムリやミミズなどを食べる。夜は木に登って休息する（やんばる自然体験活動協議会（2015）『やんばる生き物図鑑』参照）

写真 6-3 ケナガネズミ（やんばる自然保護官事務所＝提供）
全長最大 60cm。しっぽの先が白いのが特徴。樹上性で木の実をよく食べ、地面で昆虫やミミズも食べる（やんばる自然体験活動協議会（2015）『やんばる生き物図鑑』参照）

んばるの照葉樹林について,様々な野生動植物が生息・生育し,その雰囲気が感じられる豊かな生態系を有する優れた自然の風景地として,国立公園として評価することが求められた［国立・国定公園の指定及び管理運営に関する検討会 2007］。世界自然遺産を視野に入れながら,奄美群島とやんばるの国立公園の指定に向けた取り組み,西表島にて国立公園の拡張の取り組みが行われているところである。

世界遺産の保護担保措置として国立公園の区域をみると,国立公園の地種区分のうち,特別保護地区と第一種特別地域がいわゆる遺産地域とされている。遺産の価値の保護は,この2つのエリアがどのように指定されているかに関わっており,これらの区域に前述した生き物の主な生息地を含み,連続性と一定の広さを確保することが求められている。また,国立公園の第二種特別地域等は,遺産地域の緩衝地帯（バッファーゾーン）として役割を担うことが期待されている。

国立公園の地種区分ごとの規制は,特別保護地区と第一種特別地域は保護を重んじ,一般的な開発行為は基本的に行わない場所であるが,第二種特別地域等にあたっては,農林漁業との両立を図るべき地域とされ,一次産業に対して許容的である。日本の自然公園制度は,地域制自然公園という,国土の面積が限られたわが国やイギリスなどで取り入れられている制度で,土地所有の有無にかかわらず公園管理者が区域を定めて指定することができる。それに対して,アメリカやカナダなどの大陸では,土地の権原を公園管理者が所有し公園専用の用地として利用する営造物型の制度をとっている。地域制のメリットとして,公園指定にあたって土地を取得する必要がなく広大な地域の保全が可能である一方,デメリットとして,土地所有者への配慮が必要で,厳正な自

写真 6-4 オキナワイシカワガエル
緑色の地に茶色（銅のように輝く）の模様が散りばめられた美しいカエル。繁殖期の冬の夜，山地の渓流では高い鳴き声が響く（やんばる自然体験活動協議会（2015）『やんばる生き物図鑑』参照）

然保護が困難な点があげられる。

　日本のような狭い島国において古くから奥山まで資源や土地を利用してきた国では，傑出した風景地を保護しようとした場合に，土地の所有にかかわらず保護区域を指定し，その風景や自然の重要度と一次産業などの土地の利用状況によって，段階的に開発の制限を行い地域の産業との折り合いをつけながら全体の価値を守るという手段をとってきたのである。

　やんばるの森の国有林は，現在そのほとんどが米軍の北部訓練場として使用され，国立公園指定の可能性のある森林は，主に，村有林，県営林，私有林（私有地）である。固有かつ希少な動植物の生息・生育は土地の境界に関わらない。土地の所有と遺産の価値保全をどのように折り合いをつけていくか，それは規制だけではなく，遺産という付加価値を地域社会における活用の方策と

してどう活かしていくかを考えていかねばならない。

第4節　やんばるの森と人々の暮らし

　やんばるでは，主に川の河口部を中心として集落が発達し，平地で田を耕し，集落の後背の傾斜地には段々畑をつくり，地形や石，サンゴを利用した猪垣が段々畑と集落を取り囲むように張り巡らされていた。猪垣の外に広がる森林は，琉球王府時代から近年まで沖縄島と周辺島嶼を支える重要な林産物（建築，造船，薪炭など）の生産供給の場所であり，やんばるの人々は山からの収入に依存するとともに，焼畑を行い，イモなどを育てて生活用の食料を確保する場所としても利用してきた［国頭村 1967］。戦後しばらくまで，日々の暮らしの「衣」「食」「住」において，身近で有限な自然資源を多種多様な形で工夫して利用する生活を送ってきたのである。現在，田はサトウキビ畑へ替わり，段々畑だったところには木々が生い茂り，一見して当時の様子は分かりにくいが，森の中には，畑の石垣，炭窯や藍壺，開墾集落の跡，馬道が残っており，森とともに生活があったことが感じられる。また，今も行われる祭祀においてもそれがうかがえる。国頭村安田区や奥区で行われる豊作祈願の祭り「シヌグ」では，集落の男たちが山へ入り草木を身につけ，神となって集落へ降り，里の悪いものを祓う。自然を畏れ敬ってきた営みが見え，人が自然と一体となった感銘を受ける（写真 6-5）。このように，やんばるの森林は原生林のような手つかずの森はほとんどなく，森の大部分は，人が暮らしの中で利用してきた場所である。

　戦後の復興期には，木材の需要が高まり，作業が機械化され，大規模な伐採や林道工事，ダムの建設などが 1980 年代まで進め

写真 6-5　国頭村安田区のシヌグ
ヤマヌブイの様子（2013年8月13日撮影）。2年に1度のウフシヌグで行われる。夜のウシンデークでは，かがり火を囲み女性たちが歌い踊る

られた。1970年代後半から1980年代にかけて，ノグチゲラ，ヤンバルクイナ，ヤンバルテナガコガネが新種として記載され，資源の利用を行う森林でどのように動植物への配慮を行うか関係者らによる模索が続けられ，伐採の小面積化などさまざまな保全の取り組みが行われてきた。現在，森林は回復しつつある状況である。

　これまでの歴史の中で，社会的な背景や需要，人の暮らしの変化に合わせ，森林は荒廃と回復を繰り返してきた。1970年代から1980年代にかけて行われた森林における人為活動の拡大による動植物の生息・生育地の減少や質の低下ののちに，追い討ちをかけるように，1990年頃に中南部からやんばるへと侵入したマングースにより，昆虫や両生・は虫類，鳥類らは捕食を受け，ヤ

ンバルクイナなどの絶滅が危惧される状況まで悪化した。森林の回復とマングース対策の効果より，ヤンバルクイナの生息状況は回復しているところである。国立公園の指定にあたっては，生物の多様性が高い場所だけではなく，人の手が入り回復しつつある森も含め，そして，引き続き林業を行う場所とも調整をしながら考えていくことが必要であり，この調整が非常に重要である。

第5節　自然遺産の価値の保全と地域社会の持続可能な継承にむけて

　地域制の国立公園は，土地の多面的な利用を許容する制度である。しかし，国による規制，管理，保護第一というイメージから，地元から国立公園＝何もしてはいけない場所，何もできない場所というような誤解を生みやすい。実際，特別保護地区や第一種特別地域は規制が強い区域であるから，地域社会の土地に対する意識や思いとすり合わせる形で段階的な規制をうまく配置できなければ，地域によるその土地への関与を排除し，つながりを絶ち，自然とともにあった生活文化や伝統祭祀を途絶えさせることにもつながりかねない。

　一方で，単に規制を強化すれば価値が保全できるものではない。国立公園の制度は，段階的な規制で多面的な利用を認めている。ゾーニングの検討の段階で，関係者との調整や社会的な状況により，規制の緩い区域となった場合でも，そこが生物多様性の保全上重要な場所であるようなギャップを生むこともあるだろう。希少種・固有種の中には奥山だけでなく集落周辺に生息するものもあるし，外来種はコアエリア内の対策・監視だけでなく，必要に応じて集落（例として，ノラネコ，ノネコ，その他のペットなど）

や島全体（交雑する近縁の外来種の侵入）を対象とすることが必要である。

　希少種や固有種，亜熱帯照葉樹林の景観，世界自然遺産の価値というものは，地域にとっては新奇なものでありこれまで馴染みのなかったものである。人は自分の人生を豊かにするものを大事にする。収入を得る仕事，家族・友人に囲まれること，子供の成長，余暇や趣味の楽しみなどという豊かにするものと，新たな価値をつなぐことができれば，自発的な行動のなかで価値の保全が図っていけるのではないだろうか。

　2011年度より環境省の事業として，林業者や地域住民による希少種の密猟・盗掘防止のためのパトロールが始まった。これは，過去に地元自らが村内のツツジや川石などの盗掘を防止した活動の実績や，現在起きているヤンバルテナガコガネやクロイワトカゲモドキの密猟など，自分たちの村に生息する生き物が次々に捕られていっているという危機感を背景として，地域が自分たちで何かできないかという意向と環境省の希少種保全対策の必要性が合致して始まったものである。業務化により普段の暮らしの中でこれまでなかった，生き物とのつながりを生むことになった。互いの試行錯誤を重ねながら続けられているが，普段夜の森に入ることがなかった地域の人がパトロールとその時の生き物の出現記録を行うことで，ケナガネズミなど話に聞いていただけのものを初めて見ることができた，これまで何の声か分からなかったがオキナワイシカワガエルの声だった，生き物の食痕や繁殖地を知ってどんな場所が使われているか分かったなど，仕事という形でつながりながら，地元の新しい発見という好奇心を満たしつつ，楽しく行われている。地元には，先祖が暮らしの恵みを得てきた森や自分のムラにしかいない宝を守り，子供たちへ引き継ぎたいと

いう気持ちがある。守ることは，何も触らない＝遠ざかるのではなく，関わり活用していくことが保全につながっていくのだと考える。

　地域制の国立公園という保護担保だからこそ，関係者同士のコミュニケーションをとり互いの価値観を一致させて土地の利用を行っていくことが，全体として遺産の価値を保全してくために重要である。さらに，人口減少や高齢化，雇用の創出，既存産業の活性化などの地域が抱える課題にとって，豊かな自然と知名度の向上がプラスに活用できれば，地域にとって遺産の価値を高めることになる。世界自然遺産という地球規模での宝を守る鍵は，地域社会が持っている。

参考文献
国立・国定公園の指定及び管理運営に関する検討会（2007）「国立・国定公園の指定及び管理運営に関する提言」。
国頭村（1967）『国頭村史』。
野原朝秀・伊礼信也（2002）『港川フィッシャー遺跡―港川フィッシャー遺跡の動物遺骸』，具志頭村教育委員会。
ユネスコ世界遺産センター（2005）「世界遺産条約履行のための作業指針（文化庁仮訳）」。

なかゆくい

亜熱帯の景観―沖縄というイメージ―

　2012年4月から3年間，国頭村にある環境省やんばる自然保護官事務所に勤務しました。現在は国頭に調査フィールドとして通っています。環境省の自然系職員は，東京の本省と全国各地の事務所を2年から3年のスパンで転勤します。私も本省や札幌の北海道地方環境事務所，阿蘇くじゅう国立公園などを回ってきました。沖縄には旅

行や出張で4回訪れたことがあったものの，住んでみると一瞬で自分のなかで沖縄への勝手な思い込みが溢れていたことに気がつきました。

　沖縄の自然と聞いて，皆さんは何を思い浮かべますか？　青い海，青い空，白い砂浜，赤や黄の花々…。きっと，色鮮やかなイメージを描いていることでしょう。でも，そんなイメージに中に，ススキやツバキを加えてみてください。当たり前でしょうか。それとも，不思議に感じますか。私が意外に感じたものを挙げると沢山ありますが，これらは印象が強かったものの例です。

　まず，森の中は明るいイメージと全く異なります。一年中，緑の葉をつけた木々に覆われ，低木とシダが生い茂り，多様な植物がひしめき合っています。ツバキはそんな森の中に，ススキは林縁や道端などの開けた場所に生えています。沖縄は温帯の生態系を基本に熱帯の要素が混ざり込む亜熱帯に位置するため，両方の特徴を持つ植物が見られる，ということを改めて実感しました。

　また，常夏のイメージがありますが，季節があります。沖縄の季節の移ろいは，生き物の「声」で知ることができます。まさに，音の景観。やんばるの春は森が新緑に輝いて木々に咲く小さな花々に昆虫が集まり，鳥たちのさえずりが響きます。梅雨にはイジュの白い花が森を覆い，梅雨明けとともに，朝からクロイワニイニイの大合唱が始まります。リュウキュウアカショウビンの声も夏の音です。オオシマゼミのケァンケァン…という鳴き声がだんだん繁くなると秋。夜は，タイワンクツワムシのやかましい声で賑やかです。渡り鳥であるサシバのピックィーという声は北風とともに冬の到来を告げ，森の谷間からオキナワイシカワガエルの声が聞こえます。毎年，同じように季節が巡り，わたしたちの服のレパートリーと比べものにならないくらい，生き物がめまぐるしいほどに命を謳歌しています。

　一見した森の見た目はあまり変わらないかもしれませんが，豊かな音で感じる景観を意識すると，沖縄の別のイメージが浮かぶのではないでしょうか。

7

ＮＰＯ沖縄の風景を愛<ruby>さ</ruby>する会の取り組みと風景学習

大城 幸代

　ＮＰＯ法人沖縄の風景を愛さする会（以下，風愛会または当会とする）のアプローチ・テーマは「景観まちづくりと人づくり」である。本章では，平成 27 年 10 月現在，沖縄県内対象 6 小学校において展開中の「風景学習」について，筆者が担当している糸満市立糸満小学校の取り組みを事例として紹介する。風景学習は児童を対象に，学校と地域，専門家等関係者が連携し，風景・景観について学ぶものである。当会は，沖縄県の景観整備機構[1]として，当会活動内容に則り，人材育成の一環である沖縄県の小学校における風景学習の事業を受託した。

　本章では，糸満小学校の事例を主題として，風愛会の活動紹介，風景学習の背景として沖縄の風景・景観づくりの取り組みについて報告する。最後に，今後の展開について筆者の考察と，参考として，当会の名称でも使用している「風景」という言葉についてまとめた。

第 1 節　ＮＰＯ法人「沖縄の風景を愛さする会」について

1．風愛会の設立と母体『風景デザイン研究会』

　当会は，「県民や自治体の風景・景観づくりを応援する」ため，

平成21年9月1日に設立,平成27年9月をもって活動7年目に入った。

　会員数27名（法人会員含む）で,平成27年10月に行われた総会において新しく理事が3名承認され,現在,理事10名(監事1名)が主な活動メンバーとなっている。構成は,沖縄の景観やまちづくりの研究者,コンサルタント,技術者,市民まちづくりメンバー,行政ＯＢ,学生,主婦などである。活動内容や状況に応じて会員の方々の参加・協力を得ながら,地域の風景づくりに取り組んできた。参加者の顔ぶれからもわかるとおり,様々な地域主体が風景・景観まちづくりのために集まっている会である。

　当会設立の背景として,母体となる「美しい沖縄の風景デザイン研究会」について説明する。地域における景観まちづくりが全国的に展開されて久しいが,そのような中,沖縄において「沖縄らしさを踏まえた風景デザインが必要となっている」という,主に技術者の視点から,「今後の沖縄の風景づくりについて研究を行うことを目的に」平成14年に設立,技術者ほかコンサルタント,行政マン,学生等60数名が参加し,シンポジウム開催や現場視察・事例研究の他,2か月に1回の事例報告会等を実施している［参考:沖縄しまたて協会　技術環境研究所『美しい沖縄の風景デザイン研究会』ホームページ］。風愛会は,この活動を基に,より中立的に広く取り組む団体として設立された。現在,両者は協力・連携関係にある。

2．風愛会の理念・活動内容

　当会の理念は「沖縄の風景を愛する心,思いを持った仲間で,沖縄の風景を守ったり,なおしたり,育てていくための方法を考えて,そのための計画づくりや人育てを実践し県民や自治体の風景・景観づくりを応援する」というものである。

良好な風景・景観づくりには，県民の意識醸成，市町村の取り組みが重要である。市町村については，地域住民に一番近く，他のモデルとなるような公共施設や協働の場づくりが期待されるほか，風景の骨格を管理・保全し，開発を行う主体となる一方で，一人が負う業務量や求められる専門性の高さなど抱える悩みや課題も少なくない。このことから市町村担当者のサポートや応援も当会の重要な使命の一つと考える。

　当会の活動内容は，①風景・景観に関する具体的事例の見学会の実施，②風景・景観づくりに関するシンポジウムやフォーラムの開催，③地域の風景・景観に関わる人づくり事業，④景観行政・計画技術に関するアドバイスや市民会議のコーディネート，⑤風景・景観に関する自主的な調査研究，⑥風景・景観に関する法律制度や計画・事例収集と蓄積，⑦風景・景観に関する情報の発信，の7つである。

　上記のうち，人づくりにあたる③の実践として「風景学習」に係る事業を行っている。また，「風景学習」と並行して実施中の「沖縄らしい風景づくりに係る人材育成事業」について，『沖縄らしい風景づくりに係る人材育成事業報告書 平成26年度』等をもとに，当会が担当している景観行政コーディネーターの育成事業内容を一部，紹介する。

〈取り組み事例紹介／沖縄らしい風景づくりに係る人材育成事業の概要〉

　先述の「沖縄らしい風景づくり推進事業」の一環として，平成25年度から継続実施中である。平成26年度から沖縄県の景観整備機構3団体[2]が共同企業体[3]として受託した。

　事業の目的は「まずは"知ってもらうこと"から。"県民的なムーブメントの形成"が最終目的」として，「1．認知：知って

もらう」「2．記憶：より関心をもってもらう」「3．試用：参加意識をもってもらう」「4．本格的使用：活動に実際に参加してもらう」「5．ブランド固定：活動を県民的なムーブメントへ」，と段階を踏んだ継続的な取り組みを設定している。事業は「風景づくりサポーター事業」，「地域景観リーダー事業」，「景観行政コーディネーター事業」の3つの人材育成に分かれており，当会は3つ目の市町村担当者向け人材育成事業を担当している。なお，各事業は有機的につながることができるよう，各取り組みの日程調整，情報交換，報告会を担当者間で行っている。

〈行政職員向けのコーディネーター育成事業〉

「景観行政コーディネーター事業」の目的は，「県内市町村の景観行政担当者を対象に，県外・県内の先進地事例の視察を含めた研修を実施し，景観行政に関する専門知識の習得と，地域住民の合意形成に係るスキルの向上を図ること」で，期間前半は基礎研修として県外講師等による講習のほか県内先進地の視察研修，ワークショップを行う。その後，基礎研修修了者を対象に，実践研修を行う。県外の先進地事例視察も実施される。なお，当会における実施体制としては，風愛会の事務局として理事長，副理事長，主担当の理事，運営サポートとしてその他理事，会員が随時参加しながら進めている。

研修内容は，前年度の実績を踏まえたものとするため，参加者アンケートによって意見・要望を聴取し研修者にとって必要とされる内容となるよう工夫されている。

市町村担当者が景観行政に携わるとき，例えば計画策定段階では情報の収集・発信，住民や関係事業者，庁内への説明や意見交換会，ワークショップやまちあるきなどを経て，最終的には関係者の合意形成に向けコーディネートする力が求められる。それぞ

れの場面で必要な知識や技術について講義や視察, 意見交換会, ワークショップを実施し習得をはかる。

　なお, 研修ではこういった知識や技術の習得が第一目的ではあるが, 様々な現場の悩みや事例などを持ち寄り共有できることが, 参加者に評価されているようだ。当会は, こうした取り組みを踏まえ, 今後も景観行政に関わる担当者・関係者支援のための仕組みづくりについて検討を行っていく。

第2節　沖縄における風景・景観まちづくりと「風景学習」

　次に, 風景学習をはじめとする「沖縄らしい風景づくり推進事業」が沖縄県において実施されるにいたった背景について, 風景・景観まちづくりの年表（表7-1）をもとに整理したい。

　平成16年に景観法が制定され, 本県においても景観づくりをどう実践していくかという議論が活発に行われるようになった。それ以前に, 地方自治体の一部では景観・まちづくりに関する条例が制定されていた。県内においても, 例えば竹富町で, 昭和61年に「歴史的景観形成地区保存条例」が制定されている。平成6年には「地域の特性を生かした優れた景観を守り育て, 又はつくり, 快適で魅力あふれるふるさと沖縄の創生に寄与すること」を目的に,「沖縄県景観形成条例」が制定された。

　現在, 沖縄県では, 戦後急速に都市化が進んで効率や便利さを優先させてきた結果, 沖縄独特の風景が失われつつあるということが共通認識として確認され, その認識をもとに, 景観資源の再発見・気づき, 修復・保存, 育成, 創造・活用に向け, 施策を推進している。

　例えば, 沖縄振興計画の一環として平成22年に策定された「沖

表7-1 沖縄における風景づくりの主な取り組み,経緯

年月日	内容
平成6年10月	「沖縄県景観形成条例」制定 県民,地方自治体,事業者一体となった取り組みを推奨
平成16年6月	「景観法」制定 地域特性に合わせた景観形成が可能になる
平成19年1月	「"美ら島沖縄"風景づくりのためのガイドライン」の策定(内閣府沖縄総合事務局) 沖縄における景観施策の在り方,指標
平成22年3月	「沖縄21世紀ビジョン」(沖縄振興計画) 20年後の沖縄のあるべき姿 価値創造のまちづくりの実現
平成22年3月	「沖縄県景観形成ガイドライン」策定 市町村が景観計画を策定する際の技術的支援書
平成23年1月	「"美ら島沖縄"風景づくり計画(沖縄県景観形成基本計画)」策定 広域景観形成・市町村支援・総合的な制度活用・官民協働による取り組み
平成24年〜	「沖縄らしい風景づくり推進事業」の実施 風景学習,沖縄まちなみミュージアム,人材育成,広報活動など

『沖縄らしい風景づくりポータルサイト風景結島』(沖縄県土木建築部都市計画・モノレール課)掲載資料をもとに作成

縄21世紀ビジョン」では,沖縄固有の景観・風土を重視し時間とともに価値が高まる20年後の沖縄のあるべき姿が描かれている。さらに平成23年1月に「"美ら島沖縄"風景づくり計画(沖縄県景観形成基本計画)」を策定し,県全体の景観施策の総合的推進を目指すこととなった。

筆者はこの時,審議委員として計画策定に関わる機会を得た。その際,地域づくりの活動と関連して,景観まちづくりも地域づくりも"資源の再発見"を行うことなど,同じ取り組みであって身近かつ重要であるとの意見を具申した。余談であるが,当時,景観によるまちづくりが地域の活性化に欠かせないことを地域づくりの取り組み仲間に話した際,「景観=まちのお化粧」ととらえられている印象があった。図7-1では,同計画で示された『"美ら島"沖縄風景づくりの展開』図にあわせ,地域の風景づくりと風景学習について,ステップ毎に取り組み例をあてはめてみた。

なお,基本計画における「人づくり」については,風景づくりの施策の方向として「地域らしさの重視」「地域の意識の醸成」「風景を阻害する要因の排除」「風景づくりの価値観の共有」「実効性

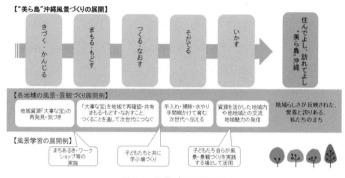

図 7-1　風景づくりの展開

の確保と継続的な取組」を挙げた上，この5項目の達成に向けて①人づくり（人材育成）の必要性と，その他②地方公共団体，特に市町村の重要な役割，③住民，ＮＰＯの参画と主体的取り組み，④事業者・関係団体との連携，⑤専門家の活用と人材ネットワークの構築，⑥関係者の連携・協働による取り組みなど，6項目それぞれの必要性をまとめている。

〈沖縄らしい風景づくり推進事業と風景学習〉

　平成24年度からは「沖縄らしい風景づくり推進事業」が進められている。特徴は①沖縄振興一括交付金の活用，②戦後初の"風景づくり事業"，③住環境の整備ほか，環境保全，観光振興も目標の中に含まれる，④平成24年度から10年計画，ということで，具体的なイメージとして「沖縄まちなみミュージアム」を構想している。

　沖縄県特有の風土に根ざしたまちなみ景観や地域の人々の暮らしの景観など，様々な景観の魅力ひとつひとつを博物館の展示物とみたて，地域を屋根のない博物館として認定して，良好な景観形成・保全・活用に向けた取り組みを重点的に行うというもので

ある。

　県内で市町村の調査のもと，候補地があげられた。その中で現在，24地区がミュージアム予定地として，特にこれらの地域で重点的に推進事業を実施していくことになっている（図7-2）。この中に山巓毛（サンティンモウ）周辺地区があるが，この周辺が後述する糸満小学校の校区になっている。

第3節　風景学習事例報告
　　　　糸満市立糸満小学校の取り組みについて

　「風景学習」は，当会活動内容の③「地域の風景・景観に関わる人づくり事業」の取り組みとして，平成25年度から受託し平成27年度で3年目となった。事務局を中心に，筆者は2年目から糸満市立糸満小学校を担当している。他校については各担当者からの要請に応じて相互にサポートを行っている（図7-3参照）。

1．風景づくりに係る風景学習とは

　風景学習の目的は，これから沖縄の風景づくりを担う子どもたち（対象校の子どもたち）がまちあるきや地域の人たちとの交流を通して，住んでいる地域の良さに気づき，愛着と誇りが持てるようになるなど，風景づくりに対する意識の芽生えを促し発展させることである。風景・景観まちづくりについて子どもの頃から学ぶ機会をつくることによって，将来，地域の景観まちづくりを担う人材が育つことも期待される。

　以下の内容は，風景学習事業の2年目にあたるものであるが，平成27年10月現在，同事業の3年目が継続実施中である。本事業（平成25・26・27年度）における風景学習の特徴を5つにま

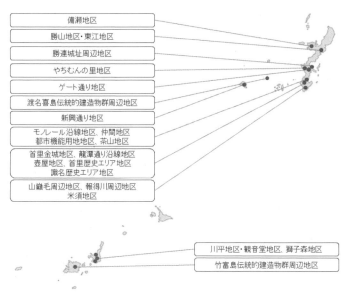

図 7-2　まちなみミュージアム予定地区

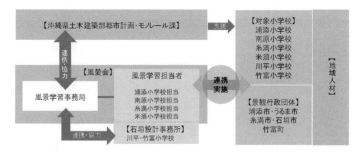

図 7-3　風景学習　実施体制（平成 26 年度）

とめた。
 ①沖縄県の景観モデル地区近隣小学校（6校）の児童を対象とする
 ②小学校児童3年生・4年生を対象とする
 ③学校主体のプログラム作成と運営を推進
 ④学校，市町村，地域人材の連携を推進
 ⑤3年間の支援プログラム

①先述した「沖縄らしい風景づくり推進事業」において市町村が重点的に景観づくりに取り組む地域の候補地（まちなみミュージアム候補地区）の中から，6地区の近隣小学校児童を対象に実施している。

②景観づくりにおいては，地域の景観資源等に「きづき・かんじる」ことがはじまりとされるが（図7-1参照），風景学習を開始する学年として3，4学年を設定した。風景・景観についての学びを取り込んで実施する場合，社会科，または総合的な時間の活用などが考えられるが，例えば3学年の社会科では自分たちの住んでいる身近な地域，住んでいる市町村の様子についての学びを始める。こういった学習カリキュラムの中に取り込んで学ぶことで，視点がひろがり，プラスの気づきや再発見があることが期待される。

③本事業は基本的に学校の授業の中に取り入れ実施していくという方針の下，学校主体で行っている。一方で，風景学習の取り組みは県内で初めてということもあり，一部を除き当会各担当者によるプログラムの作成，全体のまとめ，調整が行われた。状況によって関わり方は変わってくるが，学校における学習という点から，当会は教諭をサポートするものである。

④③と関連するが，風景学習の実施にあたっては，学校と，地域の住民や人材，そしてまちづくりを行う市町村の，地域内関係者の連携があることが望ましい。児童の学びの発展に向け，地域の人材や大人との交流は意義があると考える。一方で学校現場では，教諭に負担感が生まれることも想定される。人材活用，連携方法など地域連携の一例を学校現場とともにつくること，また，つなげることも，目指すところである。

⑤本事業は3年間の期間を設定している。最終年度となる3年目については，風景学習の経験を積んだ学校・市町村・地域人材によって進行され，次年度からは地域主体でそれぞれの手法で取り組まれることが期待される。その後の連携体制については，④に記載したように課題も少なくない。また，専門家が地域連携の中に入ることも重要と考える。地域の連携，コーディネーター役として期待される市町村に対しては，沖縄県は平成27年度から景観アドバイザー制度を設置し，市町村からの要請に応じ，人材の派遣を行う事業を実施している。

2．実施体制と実施方針

実施体制は図7-3のように，当会全体を統括する事務局があり，風景学習業務担当者として理事が2名，そして各小学校担当者と，多少変動はあったが基本的に各小学校に主・副2名体制，それに加えて必要に応じてサポートが入り，事務局も主担当として現場に入った。またNPO会員にも必要に応じて参加を要請した。全体をとりまとめる事務局と相互に情報交換等しながら主担当者が各現場で実施する。現場では学校を主体に，市町村，当会担当者，地域人材が連携・協力しながら運営される。石垣市立川平小学校と竹富町立竹富小学校は地元のコンサルタント会社に再委託し，

事務局と連携・協力体制をとりながら実施している。

平成26年度の実施方針は以下の通りである。

　方針1．風景学習の目的の共有化と各小学校の実態に即した学習活動の展開

　方針2．身近な風景への気づきや，好奇心を育む体験学習（まちあるき）の実施

　方針3．地域人材，専門家等との交流を育む風景学習の実施

　方針4．各小学校での活動に応じた学習成果の発信に対する支援の実施

3．対象小学校と各学校のテーマや取組内容（平成26年度）

小学校名	テーマ	特徴
①浦添市立浦添小学校	ふるさとの良さを知ろう！〜昔から今に続く浦添の風景〜	・浦添グスクや仲間集落など，校歌で歌われる風景を学ぶ
②うるま市立南原小学校	わたしたちの南原の風景を見つけに行こう 見せっこしよう！	・勝連城址や干潟，集落の身近な風景について学び，お互いに発表し深める
③糸満市立糸満小学校	見つけよう！糸満のいいところ	・地域の2大伝統行事とそれに関わる人々の暮らしの生業，知恵について1年を通して学ぶ
④糸満市立米須小学校	地域の風景ってどんなもの？自分たちの風景再発見マップをつくって語ろう！	・校区の伊原，大度，摩文仁，米須についてキーワードをもとに探検，ワークショップを行う
⑤石垣市立川平小学校	八重山の文化・自然のよさに目を向け川平村の「いいね」を再発見しよう！	・川平村や川平湾の風景について学ぶ
⑥竹富町立竹富小学校	伝えよう！ティードゥンのいいところ〜竹富島ツアー〜	・地域の特色をまち歩きで発見しパンフレットを作成する

①浦添市立浦添小学校は浦添グスクに隣接する歴史ある場所にある学校で，所在地の仲間地区は浦添市景観まちづくりの重点地区である。浦添グスク周辺の歴史文化資源を探検した。

②うるま市立南原小学校は近くに勝連城址，また海岸干潟などの自然環境や校区周辺の集落等に分散してまち探検を実施し，講師の解説などを通して学習する。

（③は本節4項で詳しく述べる）

④糸満市立米須小学校は3年生を対象に社会科と絡めた学習展開がはかられた。校区の米須地区は,平成22年から進めている地域づくりの実行段階として地域全部を屋根のない博物館と見立てて来訪者に紹介していく「米須村丸ごと生活博物館」宣言を発表した地区である。

⑤石垣市立川平小学校と⑥竹富町立竹富小学校の2校は地元のコンサルタントおよび当会事務局と連携して実施している。それぞれテーマが「八重山の文化・自然のよさに目を向け川平村の「いいね」を再発見しよう!」と「伝えよう!ティードゥンのいいところ」となっている。川平小学校の対象学年は全学年で総合学習,授業の中に自然や伝統行事に関わる風景学習を取り入れて実施した。竹富小学校では,風景学習のパンフレットを作成する。

4.糸満市立糸満小学校の学習テーマと伝統行事の背景

糸満小学校風景学習テーマは「見つけよう!糸満のいいところ」で,校区である字糸満の2大伝統行事「ハーレー」と「大綱引き」を題材に,主に行事をとりまく地域の生業の歴史,地域の人々の取り組みや,名所と風景の関係を学ぶ。

字糸満は沖縄の漁業のまちとして知られ,現在も月の満ち欠け(潮の満ち引き)に沿った旧暦を重んじている。糸満漁業は琉球王朝時代に,貿易のためのサメ・イカ等の沖合漁業が盛んに行われ,貿易が衰退したその後はアギヤーとよばれる追込網漁業が栄えた。明治期のこの地域の漁業者数は県全体の漁業者数の6割にのぼったといわれる。「イチマナー(糸満漁夫)」は沖縄漁民をあらわす代名詞として知られ,第二次大戦勃発までは,東南アジアや南洋諸島まで出漁したという。危険な海の労働と信仰は密接に

つながっており，今も旧暦5月4日のハーレー（爬龍船競争）は，ウミンチュ（漁夫）にとって欠くことのできない信仰的行事となっている。その際の御拝は，旧糸満の漁業集落を形成した門（ジョー）ごとに行われるならわしがあるという。ハーレーが行われる海に面した護岸通り（ヤカラー通り）から，国道331号線に向けて9本の路地が走る。それぞれの路地に，通りのあった家の屋号あるいは地域の特色からとった門名がつけられている（たとえば市場があった町門なら「マーチンジョー」など）。各門は，この通りを船揚げ場として共有する共同体として結束していた。明治以降，埋め立てが始まってからは漁業関係者以外の人も住み始めるようになったという。ハーレーは，旧暦4月27日，午前5時に糸満ロータリーのそばの高台にある拝所の「山巓毛（サンティンモウ）」において，鉦がうちならされて山留めがとかれることで一斉に準備が始まる。

　一方，「糸満大綱引き」は旧暦8月15日，中秋の名月に行われる県内唯一の綱引きである。「大漁祈願」「五穀豊穣」「家内安全」「無病息災」を祈願し，雌雄の綱を南北に分かれ引きあう。「糸満ハーレー」や「糸満大綱引き」において祭祀が行われる白銀堂は，海神が祭られている御願所で，国道を挟んで白銀堂門（イービンメーンジョー）がヤカラー通りまで伸びている。

　現在，糸満市ではこの一帯（国道331号沿道地区とジョーグァー地区）を「景観形成重点地区」に選定し，道路拡幅整備と合わせ風景づくりの取り組みをすすめることとしている。

5．糸満小学校における風景学習の年間スケジュールと内容 （平成26年度）

【4月16日　まちあるきの実施】

実施日	内容	様子
【学習前期】	『ハーレー探検隊』	
2014.4.16	体験:校区まちあるき	
5.4・5.5	講話:ハーレーの由来・白銀堂の由来など	
5.28	調べ学習:ハーレーについての疑問など、講師と一緒に調べる	
6.1	体験:ハーレーに参加したり見学する	
6月〜	制作:新聞制作	
【学習後期】	『大綱引き探検隊』	
9.3	講話:大綱引きの由来など	
9.8	体験:大綱引きに参加したり見学する	
9.10	調べ学習:パソコンを使い大綱引きについて調べる	
10.8	講話・体験:旗頭の由来、役割、持ち方	
10月〜	制作:旗頭制作	
11.30	発表:学習発表会による学習成果の発表	
2015.3.11	講話:市のまちづくり・風景づくりについて	

　他の学校の風景学習よりも早く,「ハーレー探検隊」と称してまちあるきを行った。糸満ロータリー,アンマー市場,漁港,白銀堂,山巓毛,門小,ヤカラー通りを,地元ボランティアガイドの方の説明を聞きながら6グループ各10人で午前中をかけて回った。まちづくりへの関心を喚起するねらいもあり,父兄にも呼び掛け参加してもらった。

　子どもたちは,ガイドの話をメモしたり,市場で働く人に質問をしたり言葉を交わすことを楽しんでいる様子だった。普段見慣れている場所でも,改めて学習の場として歩いてみることで,地域の生活の息吹を肌で感じる体験につながったようだ。

【5月4日・5日　ハーレー講話／白銀堂講話】

　まちあるきから間をおかず,ハーレー体験と講話による学習を行った。地元のNPO法人ハマスーキ[4]の方からハーレーの由来など講話を聞いた後,実際にハーレーを漕ぐ道具であるウェークをもって皆で漕ぎ方を教わった。

　翌日は,陶信窯の金城氏から白銀堂の由来等について,民話絵本や紙芝居「白銀岩の由来」(金城善・作)を通して学んだ。

【5月28日　ハーレー調べ学習】

　まちあるきや講話等で疑問に感じたことなどを地域人材と共に学ぶ「調べ学習」を行った。担当教諭が事前学習で課題を聞き取り，グループ分けをし，それぞれ当会，市町村担当者，地域人材が配置され，資料をもとに児童と一緒に学ぶ。

　筆者が担当した課題は「なぜハーレーのチームを西村・中村・新島に分けるのか」。先述した字糸満の門の成り立ちと関わるもので，門が最初につくられた地域を「西村」，次につくられた地域を「中村」とよび，現在はそれぞれが市の「西区」「町端区」にあたる。最後にできたまちが「新島」で，今も3村の関係をうたった「西村やむとぅぎ（親），中村やなしぐゎ（子），華やぬ新島や　んまが（孫）でびる」という歌詞が残っているそうだ。手作りの地図や担任教諭が制作した紙芝居なども活用し，子どもたちからは「イービンメージョーなどが存在するのはわかっていたが，どのようにしてできたのかがわかってすっきりできてよかった」等の感想が得られた。

【6月1日　ハーレー当日】

　調べ学習を終えて，子どもたちの中でハーレーについての予備知識が高まったころ，ハーレー本番を迎えた。雨の降る中であったが日曜ということもあり，大勢の親子連れで賑わった。地域の伝統行事と「ハレ」のまちの風景を身近で感じる機会となったと思われる。

【9月3日　糸満大綱引き講話】

　二学期に入ると，子どもたちは「大綱引き探検隊」となって糸満大綱引きと旗頭について学んでいく。糸満市観光協会の方から，大綱引き本番を前に，大綱引きの由来や他の綱引きとの相違点，旗頭の役割など，様々な話を聞いた。

【9月8日】

　大綱引き本番を迎える。晴天の中，白銀堂前は大勢の人で賑わった。

【9月10日　ホームページを活用した調べ学習】

　疑問や知りたいことを引き出し，パソコンで調べ学習を行う。糸満小学校のホームページにアクセスし，そこから必要な情報を取り出す学習でもある。パソコンの操作は未熟だが，友人同士で教え合い，またサポーターの手助けも受けながら皆熱心に取り組んだ。

【10月8日　旗頭講話】

　ハーレー行事の1か月後，旗頭の特徴について，糸満市職員による講話と体験学習が行われた。旗頭としてのキャリアが長く，自らも旗頭が好きだという気持ちが子どもたちにも伝染して，特に男子たちは本番と同じ大きさの旗頭を持たせてもらい，本番さながらの気分を味わったようであった。時間が足りないほど熱中していた児童もおり，その後小学校の教諭から聞いたところによると，授業そっちのけで旗頭に没頭している児童もいるということであった。

　旗頭の講話の後，学習発表会へ向け子どもたち自身で旗頭を制作した。

【11月30日　学習発表会】

　4月から始まった風景学習の集大成として，学習発表会にて「糸満のすきな魔法使いたち」という題目で，これまで学習・体験したことを父兄や他学年の児童の中で発表した。

【3月11日　糸満市都市計画課によるまちづくり講話】

　三学期に入り最後の風景学習として，糸満市のこれからのまちづくりについての講話が行われた。これまで学校と寄り添ってき

た糸満市都市計画課の職員が講話を行い，子どもたち自身でこれからの糸満の未来を創造してみる。これをもって全プログラムが終了する。

6．風景学習を通して―教諭・児童の感想

風景学習を終えた後，子どもたちの反応について主任教諭にインタビューを行った。

子どもたちは，風景学習を通して，伝統行事（ハーレー・大綱引き・旗頭）に対してさらに関心を高めることができ，伝統行事に対する視点が広がるとともにその思いも深まり，地域に対する愛着と誇りも高まったということであった。また，1年間，テーマ設定やプログラムの作成から精力的にかかわってくれた教諭からは，風景学習に取り組むことにより，地域の素材を教材化するおもしろさをつかむことができたということ，地域人材を活用することでその輪が学校を超えて大きく広がっていると感じていること，また風景学習は地域力を高める人材育成の基となるという感想を得た（表7-2）。

第4節　まとめ

1．風景学習と人づくり

風景学習における人材育成の対象は小学校児童である。特に本3年間の事業では3・4学年を対象として，地域人材が連携し，社会科・総合学習の活用に加えその他の教材を用いて風景学習を行った。平成26年度の成果として，子どもたちの反応についてまとめると，地域のよさに気づいたという感想のほか，資料の収集方法について学び，発表の機会を通して伝え方を学んだこと，

表 7-2 学習を通して：児童の様子（平成 26 年度）

小学校名	児童の反応	テーマ
①浦添市立浦添小学校	・資料収集の方法や様々な発表形態を学習したことで、「伝える」工夫ができるようになった。	ふるさとの良さを知ろう！〜昔から今に続く浦添の風景〜
②うるま市立南原小学校	・発表会の取り組みを通して地域の良さに気づき、地域に対して誇りと愛着を深めることができた。	わたしたちの南原の風景を見つけに行こう 見せっこしよう！
③糸満市立糸満小学校	・伝統行事に対する視点も広がり、思いも深まり、地域に対する愛着と誇りも高まった。	見つけよう！糸満のいいところ
④糸満市立米須小学校	・自分たちが住んでいる地域を調べるということで、関心を強く抱き、意欲的に活動することができた。	地域の風景ってどんなもの？自分たちの風景再発見マップをつくって語ろう！
⑤石垣市立川平小学校	・他教科の学習においても、様々な観点から比較する様子も見ることができた。	八重山の文化・自然のよさに目を向け川平村の「いいね」を再発見しよう！
⑥竹富町立竹富小学校	・パンフレット作り、ツアーガイドなど様々な活動に意欲的に取り組んでいた。	伝えよう！ティードゥンのいいところ〜竹富島ツアー〜

『平成26年度 小学校における風景学習』(沖縄県土木建築部都市計画・モノレール課)をもとに作成

また他教科からの視点を持つようになったことなど，風景学習を通して関心の対象が広がる様子がうかがえる。児童だけでなく，我々のような外部人材を含め，講師をつとめた地域の人々，行政担当者，また学校教諭にとっても，様々なことを学ぶ機会となったと思われる。風景・景観づくりは地域への誇り・愛着を生む取り組みであることを共通認識として，子どもたちへ受け継いでいくため，我々大人も相互に学びあい，協力・連携し，地域の風景づくりを継続し広めていきたい[5]。

2．風景学習における今後の展開の考察

糸満小学校の風景学習では，初年度から継続して2年担当された教諭の風景学習に対する思いや理解が深く，明確な目標像を持ってそれに向けた学習が展開されていた。最終年度となる平成27年度，第3学年はクラス数が増え，3クラスの教諭たちの指導の下プログラムが進行中である。こうした教諭の引率力があってこそ充実した学習を1年間にわたり継続することが可能となっ

ている。

　学校現場において，風景学習で定めた目標が実を結ぶためには，風景づくりについての学校現場における理解と，実行体制づくりが大事であると考える。この2つの視点から，風景・景観づくりの専門家として求められることは何か，筆者が今回の風景学習を通して感じたことは次の3点である。

　　①風景学習等を他地域でも実施し，学習の参考となる事例を増やすこと
　　②市町村行政担当者に対するサポートや連携
　　③対象学年に配慮した支援や教材を準備すること

①については，まちなみミュージアム候補地にある小学校等で実施することで，様々なテーマ・連携方法などの事例が生まれる。このような事例を紹介することで，例えば学校での学習への取り入れ方の参考となると考えられる。また，教員向けのレクチャー，アドバイスなども，要望があれば対応する必要があるだろう。

②については，先述したとおりであるが，学校だけでなく，地域のまちづくり・風景づくりと連携した学習とするため，市町村の果たす役割は大きい。そこで市町村支援として第1節において触れた，地域をつなぐコーディネーター等のための勉強会を実施すること等が重要である。

③については，地域人材と学校をサポートする役割として，その学年の学習の進捗状況や理解度に着目し，地域人材のサポートを行いつつ児童へ伝達する方法を探る必要がある。"気づき"のステップにある今回の対象3・4学年生については，地域資源に関わる"ことば"の理解も基礎的であるが大事な学習であ

ると感じた。

　風景・景観づくりに関わる者として，次世代へ伝えるために子どもたちの成長段階にあわせた伝え方（紙芝居・絵本・伝記，地図，写真等の活用など含む）についても今後の検討課題としたい。

〈「風景」と「景観」〉

　参考として，「風景」と「景観」という言葉について整理する。本章では「風景・景観」という語を多用した。その理由は，本書のテーマがランドスケープ・デザインであること，また一般的に「景観法」というようにとりわけ行政においては「景観」という言葉が使用されること，「風景」については当会の名称はじめ，沖縄県の施策名等において「風景」が使用されていることから，並列して使用した。

　結論からいうと，両者とも現在，同じような意味合いを持って使われることが多い。ただ，後述する当会の名称のように「風景」という言葉を，思いをもって使用し論ずる場合がある。

　例えば，中村良夫は「風景，景観，景色」の日本語表記について考察している［中村ほか 2014］。同著の中で「周囲の眺めを記述するにあたって，触覚，聴覚，味覚などの身体感覚に由来する曖昧な感覚を排除し（中略）科学的視座を整えること」で「絵画的純粋性」を生みだした「景観」論に一定の評価を与える一方で，「しかしながら（中略）近代的な達成は，人間と世界との豊かな混濁を濾過し，そのあとにのこった上澄みのような視覚像を額縁の中に監禁してしまった（中略）目玉だけになった私たちの身体は（中略）かなり窮屈になったのではないだろうか」と「こころの景色，場の気配」という現象をあらわすものとして「風景」への思いをのべた。

『景観用語辞典』によると「(景観地理学の重鎮，辻村太郎によれば) 景観という言葉はドイツ語の Landschaft に対して植物学者の三好学が与えた訳語」ということで，「この意味における景観概念の背景には，広がりを持つ土地の状態 (地形や植生) を西欧の近代合理主義的な目で客観的に記述しようとする態度がある」と解説する [篠原編 2007]。これに対し「風景」という語について，同著では「わたしたちが昔からなじんできた風景という言葉は，暗黙に人間の内的 (主観的) システムから還元される何ものかを含んでいて，この語を用いる際には目前の環境の眺めに対する情緒的な賛意を前提としている場合がある」と述べる。一方で，「しかし，景観と風景という用語にかかわる上のような区別は必ずしも確定しているわけではなく，ほとんど同義に用いられる場合も多い」とする。

　当会やその母体である風景デザイン研究会の名称の「風景」には，当会理事長ほか，関係者が制作に参加した『内閣府沖縄振興局編 平成 19 年 "美ら島沖縄" 風景づくりのためのガイドライン—新しい風景づくりへの挑戦「現代の沖縄風」』の中に，背景と "思い" が記載されている。それは，沖縄という地域性の再確認の上に立脚した新しい沖縄風を目指すというもので，「沖縄らしさ」とは何かという考察から，「日々変化する自然環境，生活スタイル (暮らし方) と調和のとれた，その地域の特性や趣をしめすもの，生活の記憶，人々のアイデンティティ」すなわち「地域のかお」を表現する「沖縄風」について論ずる。そして，地域でつくりあげられる「生活の趣」を尊重した言葉として「風景」が採用されている。「沖縄の風景を愛さする会」という名称は，上記の解釈と，人々により親しみやすさ・イメージのしやすさを感じさせる言葉として「風景」を用いている。

「景観」という言葉が学術的な研究用語や法律用語として使用されるもので，建築物の形態・意匠や色彩の調整など，規制を感じさせるような，形式的な印象を与える一方，「風景」は，やわらかさや親しみやすさ，ふるさとへの思いなどを想起させるといった印象の違いは確かにあるといえる。しかしながら，「景観法」が策定された歴史的な経緯や背景もあるが，『景観用語辞典』に記述があるとおり，両者はほとんど同じ意味で使われていること，現在，まちづくりの視点からも両者とも"生活者の視点"に立って，自分たちの住む地域をよくしていこうという文脈で使用されているという点から考えると，意味するところは同じであると理解できる。

　風景学習など地域の人材育成をはじめとする「風景・景観」まちづくりは，「お飾り」や「お化粧」よりも一歩も二歩も踏み込んだ，わがまちの誇りづくりという姿勢で取り組みたい。現在も，各主体が各地域で「沖縄らしい風景づくり推進事業」を実践中である。それぞれの活動がその地域らしさを育む取り組みとして実を結び，沖縄全域に広まることを願っている。

注
1) 景観整備機構：良好な景観づくり活動を行っているNPOなどの団体を景観行政団体が指定することで地域の景観形成に向け協働体制を築くもの。平成27年10月現在，沖縄県の景観整備機構として(社)沖縄県建築士会，(社)沖縄県造園建設業協会，当会の3団体が指定されている。
2) 沖縄県の景観整備機構3団体：(社)沖縄県建築士会，(社)沖縄県造園建設業協会，NPO沖縄の風景を愛さする会。
3) 共同企業体（ジョイント・ベンチャー，JV）：複数の異なる企業等が共同で事業を行う事業組織体。
4) NPO法人ハマスーキ：糸満海人の歴史・文化を保存・継承・資料収

集することを目的として活動している団体。糸満市西崎町にある「糸満海人工房・資料館」を運営、体験学習などを実施している。
5) 地域における人づくり実践については、本稿第1節2［大きく育てよう風景づくりの人づくり 平成26年度沖縄らしい風景づくりに係る人材育成事業／沖縄県］等をご参考されたい。

参考文献
池田孝之［編著］(1987)『子どもが見つけた身近なまち景観：新しい都市・住環境教育の試み』琉球大学教養部都市計画研究室。
糸満市 (2011)『第4次糸満市総合計画―つながりの豊かなまち―』。
糸満市 (2014)『糸満市風景づくり基本計画』。
沖縄県 (2011)『"美ら島沖縄"風景づくり計画―沖縄県景観形成基本計画―』。
沖縄県 (2013)『沖縄らしい風景づくりポータルサイト風景結結』。
沖縄県 (2015)『平成26年度 沖縄らしい風景づくりに係る人材育成事業報告書』。
沖縄県土木建築部都市計画・モノレール課 (2015)『平成26年度 小学校における風景学習』。
加藤久子 (1987)「門からみたハーレー 沖縄本島，糸満の爬竜船競漕」『季刊民族学』第11巻，第2号，59-74頁。
篠原修［編］(2007)『景観用語辞典―増補改訂版―』彰国社。
特定非営利活動ＮＰＯハマスーキ制作『糸満海人工房資料館』リーフレット。
内閣府沖縄振興局［監修］(2007)『"美ら島沖縄"風景づくりのためのガイドライン：新しい風景づくりへの挑戦「現代の沖縄風」』。
中村良夫・鳥越皓之・早稲田大学公共政策研究所［編］(2014)『風景とローカル・ガバナンス：春の小川はなぜ失われたのか』早稲田大学出版部。

なかゆくい

心地よい環境と色彩

みなさんは日頃，生活の中のどんな場面で「色」を使いますか？ 私たちは，改めて意識せずとも，光の中で世の中の様々な色を感知し何かしら影響を受けています。真っ青な空と鮮やかな植物のコントラ

スト，海に沈む夕日を眺めて感動したり，服を選ぶ時に「大事なプレゼンテーションの日だから冷静になれる（演出する）青いネクタイにしよう」とか，料理をおいしく彩るためにお弁当に赤いトマトを添えてみたり。ごく自然に生活の中で効用を取り入れています。実際に，色彩の持つ力のひとつに，私たちの情緒を左右する心理的側面があります。筆者は現在，居住地にて，色彩関係者として景観審議会に参加しており，まちの色彩について議論することがあります。ここでは，公共空間と色の関わりについて，「鮮やかな目立つ色」を例にお話ししたいと思います。

　まちの色彩を観察していると，ファサード一面に黄色や赤系の色を使用した建物をみかけることがあります。先日，ラジオを聞いていると某番組で「カラー」をテーマに便りを募集しており，その中で「オレンジ色の建物をみて元気がでた」という内容のメッセージがありました。先述の情緒性という側面でみると，赤，オレンジ，黄色など鮮やかな暖色系の色は見ると活発な気分になる特徴を持っており，さらに特に高彩度（鮮やかさの強い）の黄や赤は人の目をひく機能ももっています。これを「誘目性」といって，広告や看板など商業活動などでよく使われる機能です。

　一方，環境（公共空間）から色彩を見る際は，その地域特性を読みつつ，周辺との様子や関係を探って調和しているかどうかを確認します。そしてこのような，誘目性の高い鮮やかな色は，アクセントカラー（強調色・装飾色）といってごく限られた面積や場所でのみ使用するのが好ましい，という結果になります。例えば，（地域のランドマークのようなものでない限り，）主な住居地域や緑の稜線が特徴的なビューポイント周辺に一カ所，強い赤や黄色の建物が出現すると，「調和していないね」ということになります。

　家のインテリアや服飾など個人的なものと異なり，建物などは一度建つと何十年とその環境に在って多くの人の目に長い期間触れることになります。人の目をひく誘目性の高い色は，インパクトのある色です。見る者はなんらかのメッセージを感じ取ります。それはある人にとっては元気の出る色に見えますが，別の人にとっては心を騒がせる色に見えるかもしれません。

ヨーロッパには，人はそもそも大自然の中で生活するようにできていて，大自然の色彩に落ち着きを感じる，という説があるといいます。
　色そのものに良しあしがあるわけではないのです。形や素材を伴った時，その色の組み合わせやおかれる時間，場所，場合によって評価されるのです。長期間，大勢の人の目に触れる公共空間は，穏やかで心地よい空間であることが好ましい。その場合の色の作法として，目立たせないよう周辺環境になじませるということもひとつの方法なのです。

著者紹介（五十音順）

飯田 晶子（第1章）
　東京大学大学院工学系研究科　助教

大城 幸代（第7章）
　ＮＰＯ法人沖縄の風景を愛さする会　理事

小野 尋子（第3章）
　琉球大学工学部　准教授

神谷 大介（第5章）
　琉球大学工学部　准教授

滝澤 玲子（第6章）
　京都大学野生動物研究センター　特定助教

陳 碧霞（第4章）
　琉球大学農学部　助教

波多野 想（第2章）
　琉球大学観光産業科学部　准教授

国際沖縄研究所ライブラリ

島嶼型ランドスケープ・デザイン
―島の風景を考える―

2016年2月24日　初版第1刷発行

編　者　琉球大学国際沖縄研究所
　　　　「新しい島嶼学の創造」プロジェクト

発行人　上原　徹

発行所　沖縄タイムス社

〒900-8678 沖縄県那覇市久茂地2-2-2
　　　　TEL 098-860-3591（出版部）
　　　　http://www.okinawatimes.co.jp

印刷所　㈱東洋企画印刷

©Yoko Fujita et all. 2016, Printed in Japan
ISBN978-4-87127-231-5 C0300